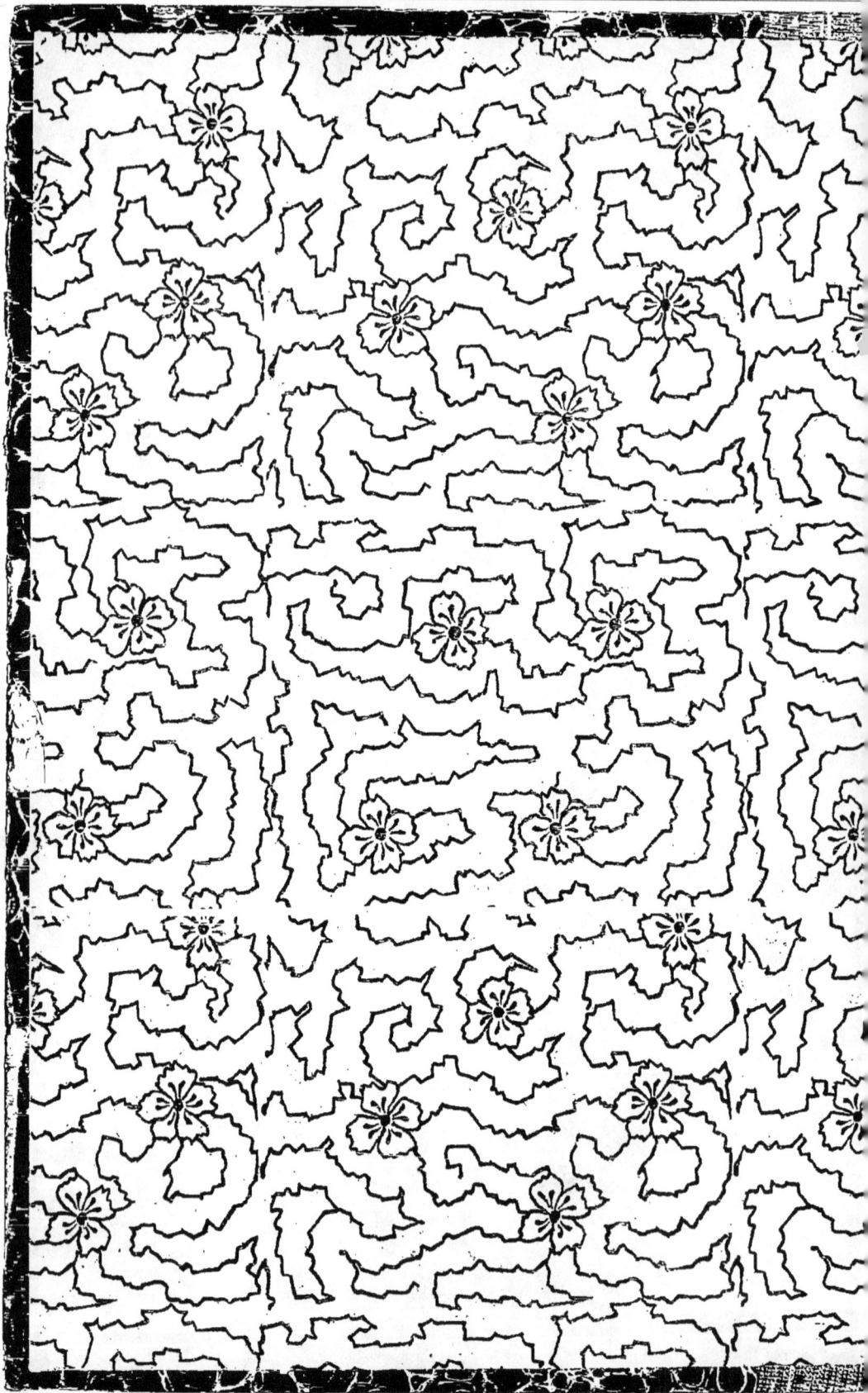

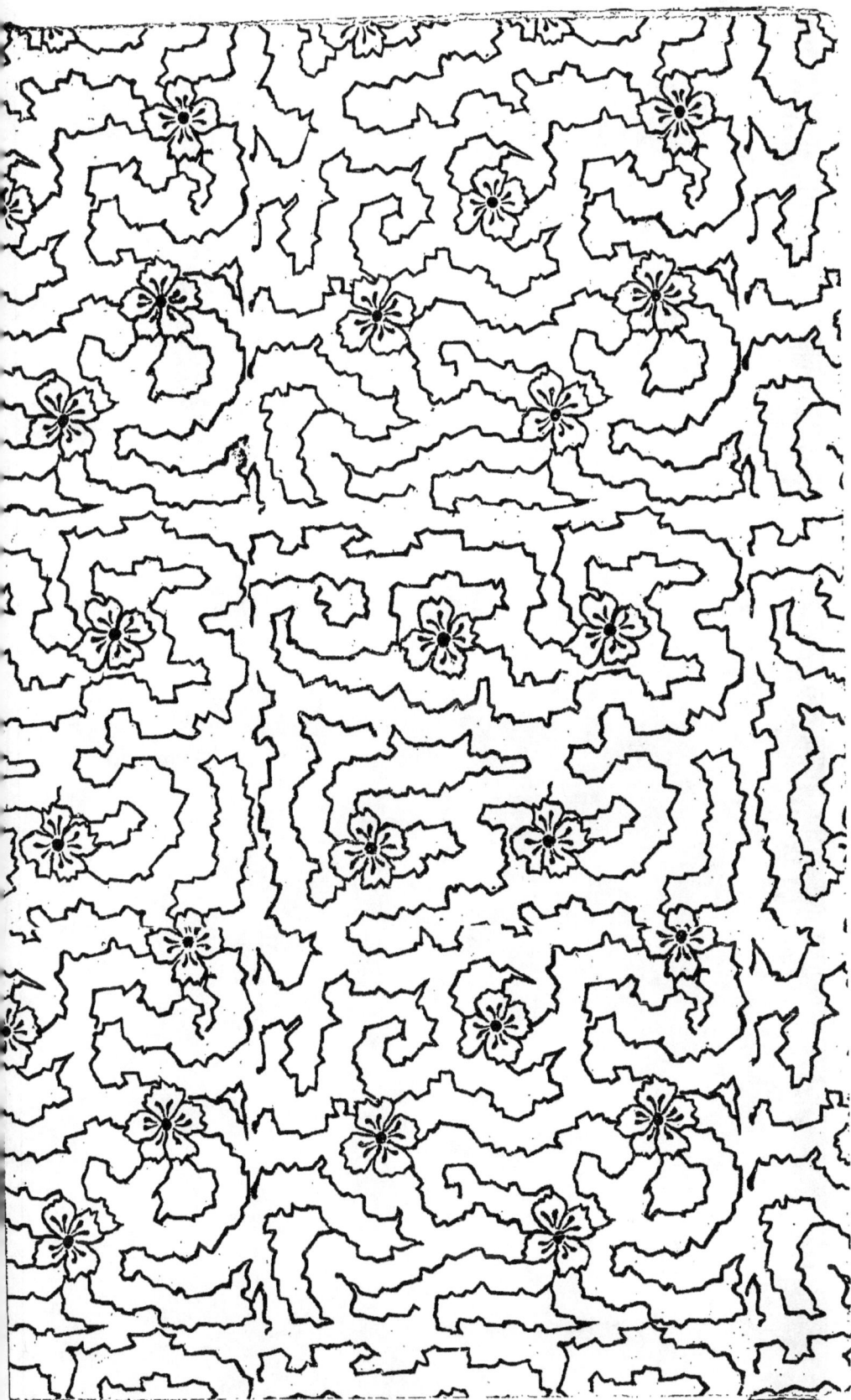

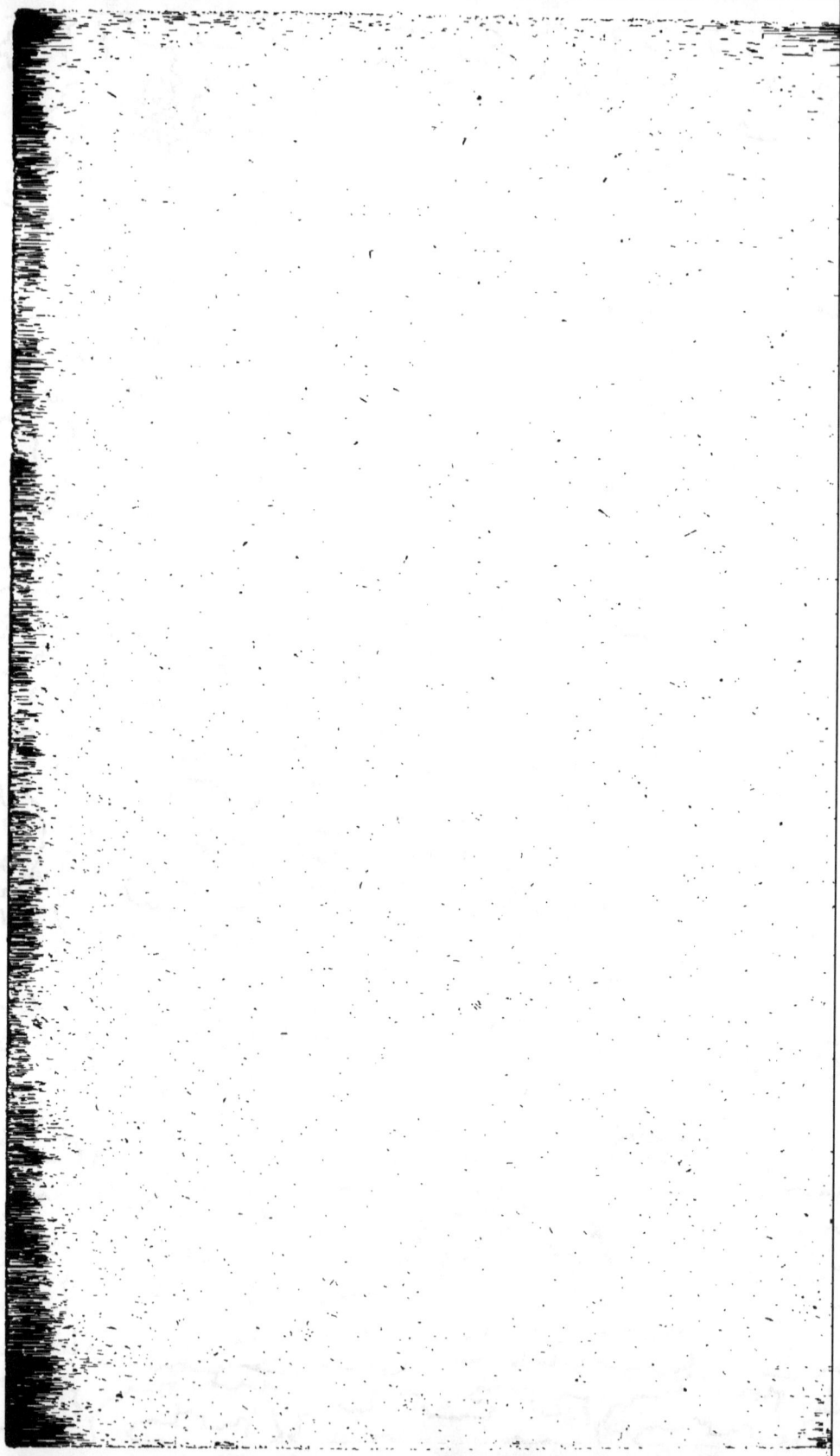

P. SOULIÉ

A PROPOS
D'AMANS-ALEXIS MONTEIL

AVEC PRÉFACE

Par M. L. DENAYROUZE

RÉPÉTITEUR A L'ÉCOLE POLYTECHNIQUE

ET PORTRAIT DE MONTEIL

D'APRÈS UN MÉDAILLON DE DAVID D'ANGERS

Par M. Denis PUECH

Statuaire, 1er second grand prix de Rome.

RODEZ
RATERY-VIRENQUE, ÉDITEUR,
rue de l'Embergue, 21.
—
1883

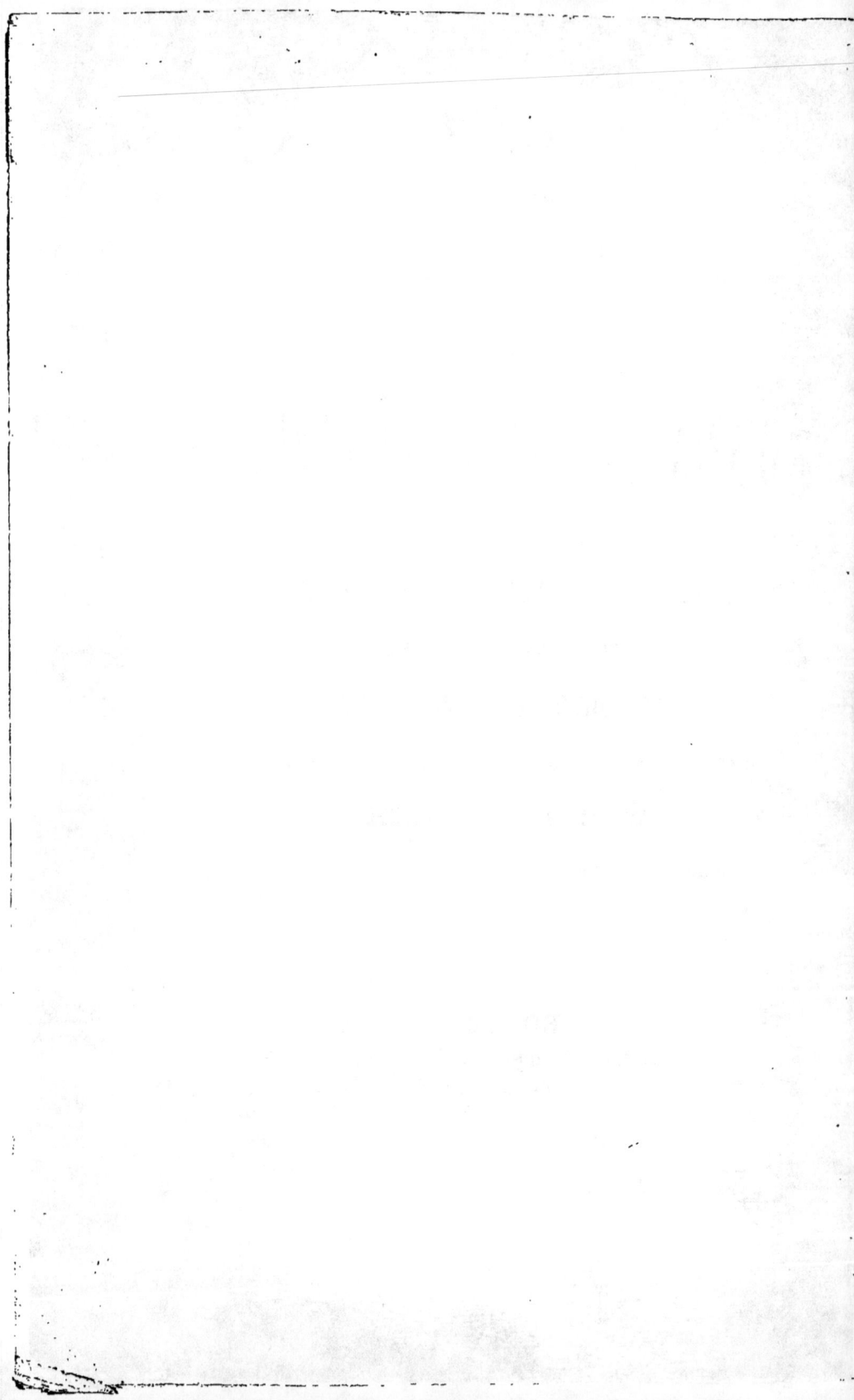

A PROPOS

D'AMANS-ALEXIS MONTEIL

AMANS-ALEXIS MONTEIL

Historien Français

P. SOULIÉ

A PROPOS

D'AMANS-ALEXIS MONTEIL,

AVEC PRÉFACE

Par M. L. DENAYROUZE

RÉPÉTITEUR A L'ÉCOLE POLYTECHNIQUE

ET PORTRAIT DE MONTEIL

D'APRÈS UN MÉDAILLON DE DAVID D'ANGERS

Par M. Denis PUECH

Statuaire, 1er second grand prix de Rome.

RODEZ

RATERY-VIRENQUE, ÉDITEUR,
rue de l'Embergue, 21.

1883

A

Monsieur Charles BOUBAL,

ANCIEN MAIRE DE RODEZ.

Je vous dédie ce petit livre persuadé que votre nom lui portera bonheur, et avec l'espoir que l'écrivain distingué qui ne dédaigna pas de consacrer une charmante notice à mes simples NOTES AU CRAYON, *voudra bien agréer ce tardif mais sincère hommage de ma gratitude.*

P. SOULIÉ.

Rodez, le 1er octobre 1883.

PRÉFACE.

ous m'avez fait l'honneur, Monsieur et cher compatriote, de me demander une préface à votre livre. Une préface, au sens ordinaire du mot et de la chose, ressemble à une présentation au public. Or, vous êtes déjà bien connu des lecteurs Aveyronnais. Vous les avez depuis longtemps familiarisés avec vos ouvrages. Ils les ont d'autant plus goûtés que vos études ont surtout porté sur les gloires, les traditions, les coutumes, voire même les légendes du pays. Mais si je n'ose insister auprès de nos compatriotes sur le mérite de vos travaux — étant donné qu'ils vous ont valu déjà le suffrage de tant de lettrés plus autorisés que

moi — je crois pouvoir examiner ici sous
un point de vue particulier qui m'est apparu
à la lecture de votre livre, la physionomie
si originale de Monteil, considéré en tant
qu'Aveyronnais.

Ce Monteil là, c'est bien vous qui nous
l'avez fait connaître. Son œuvre si fouillée et
si vivante a rencontré au milieu de nous des
juges dignes d'elle, son souvenir a même
conservé des gardiens vigilants et dévoués.
Toutefois, avant vous, on n'avait jamais
aussi bien pénétré le Monteil intime. Ses
biographes avaient montré plus de souci de
l'historien que de l'homme. Avec vous, nous
avons retrouvé non seulement la personne
privée, mais le compatriote, l'Ancien, comme
on dirait dans nos campagnes, et du même
coup, le milieu si intéressant pour nous,
dans lequel le penseur a grandi et s'est
formé, la vieille société du vieux Rouergue.

Et ces intéressantes études se sont produi-
tes dans un moment merveilleusement pro-
pice. Sur tous les points de la France le
peuple cherche à payer la dette qu'il a con-
tractée envers ceux qui l'ont servi ou simplement aimé. C'est comme une émulation générale à perpétuer le souvenir des hommes

dont l'œuvre a marqué, et quelques griefs que l'esprit de parti s'évertue à découvrir contre la République, il lui épargnera sans doute le reproche d'ingratitude envers ses précurseurs. Pour quelques idoles renversées, que de statues élevées qui avaient trop attendu !

Celle de Monteil est du nombre : l'assemblage si rare d'un beau talent et d'une belle âme recommandait l'écrivain à l'attention de son pays d'origine. Une souscription s'est ouverte pour l'érection du monument qu'il mérite, et l'effort commencé aboutira, quelque paresseuse que soit la notoriété dans nos contrées, parfois un peu sourdes, aux bruits du dehors.

Vous aurez contribué à cette œuvre de justice tardive en mettant en lumière les qualités de l'homme privé à côté des talents de l'écrivain national. Il faut pour l'honneur de l'Aveyron que la généreuse initiative du comité de Rodez porte ses fruits, car la mémoire de Monteil mérite mieux qu'un succès d'estime.

Le département qu'il s'est complu à décrire, non seulement dans sa configuration, mais dans ses mœurs et dans ses coutumes

tantôt avec finesse, tantôt avec attendrisse-
ment, ne saurait lui marchander longtemps
un hommage doublement mérité.

—

Vous souvenez-vous, Monsieur, de cette
page gouailleuse de son *Histoire des Français*,
de ce dialogue bizarre entre un étranger et
un naturel de Rodez au xvie siècle :

« L'ÉTRANGER. — Sire Pierre, vendez-
» vous aux Rouergas beaucoup de cana-
» riens et de papegaux ? (C'est-à-dire beau-
» coup de canaris et de perroquets.)

» PIERRE. — Pas un : les Rouergas, nous
» donnerions vingt canariens pour un chapon
» et trente papegaux pour une dinde. Nous
» sommes, Dieu merci ! gens de bon sens et
» de bonne raison. Nous ne portons pas,
» ainsi que les belles gens, de gros ventres
» en coton, en laine ou en crin ; nous ne
» portons que les gros ventres que naturelle-
» ment nous avons. Nous ne portons non
» plus que nos cheveux naturels ; nous ne
» portons pas de perruques pour nous donner
» des grâces.

» Je vous défie de nous faire adopter la
» mode de jeter sur la tête notre farine à
» faire le pain, nous attendons sans impa-
» tience que l'âge l'ait poudrée. Je vous défie
» de nous faire quitter nos anciennes cannes
» d'épine noire que dans nos justes correc-
» tions nous pouvons casser à rien ne coûte
» et de nous faire prendre ces minces joncs
» apportés des Indes. Ici, jamais il ne passe
» de marchands de sachets, de pommes de
» senteur, d'eaux, de savons parfumés.

. . . .

» Nous voulons incontestablement nous
» instruire, nous lisons toute sorte de livres,
» mais nous lisons surtout le traité d'écono-
» mie que, sous le titre de *Chemin de l'Hôpi-*
» *tal*, a composé M. de Balzac. Cependant,
» ne vous y trompez pas, nous aimons la ma-
» gnificence, j'entends la magnificence bien
» placée : car, tandis que nous avons laissé
» toute lisse comme le plat de la main, la
» partie de notre clocher qui ne se montre
» qu'à la ville, nous avons fait dispendieu-
» sement sculpter la partie supérieure qui se
» montre aux étrangers.
» Monsieur, notre clocher n'est pas un
» clocher d'un architecte de Paris, mais un

» clocher d'un vrai architecte de Rodez, un
» vrai clocher de Rodez (1). »

Nous avons fait pas mal de progrès à cet
égard depuis trois siècles, et Monteil, tout
le premier, avait tempéré le fanatisme local
pour l'Utile, par le culte de l'Agréable.

La littérature et l'art, ces deux luxes de
l'esprit, n'ont jamais eu de sectateur plus
fervent et plus désintéressé que ce descendant d'une race si utilitaire, à l'en croire. Et
dans ces derniers temps, ces traits de notre
caractère que Monteil relevait comme tenant
à notre origine ont cessé d'être, à beaucoup
près, aussi véridiques.

Nous aimons aujourd'hui à faire bonne
figure partout, chez nous aussi bien qu'ailleurs, et si nous connaissons la valeur du
travail et de l'épargne, nous savons parfaitement que le bien-être matériel et l'indépendance intellectuelle qui en deviennent la
première récompense, sont des biens qu'on
apprécie et qu'on estime tout autant à Rodez
que dans toute autre ville de France.

Aussi, s'il revivait à notre époque, Monteil ferait-il amende honorable sur ce point,

_____

(1) *Histoire des Français des divers états*,
tome 3, page 117.

et ne retiendrait-il sans doute, comme marque tout à fait indélébile de la race Aveyronnaise que l'attachement immuable et la prédilection invincible de tout homme venu au monde sur le rude sol du Rouergue, pour le coin de terre qui l'a vu naître.

Cette nostalgie du pays qui perce à travers tous ses écrits devient plus facile à observer à mesure que l'émigration augmente. La pauvreté du sol, l'ambition de plus en plus contagieuse de la fortune, quelquefois l'esprit d'aventure, nous entraînent hors et loin de la maison natale. Mais nous ne sommes pas de ceux qui emportent la patrie à la semelle de leurs souliers. Dès que le but est atteint, nous avons hâte de reprendre les chemins par lesquels a vagabondé notre enfance, et de venir achever notre vie aux lieux même où elle a commencé. Notre exode n'est presque jamais que temporaire et le terme n'en vient jamais assez tôt à notre gré.

Aucune distinction à faire à cet égard entre les diverses classes de la société : le savant, le lettré, le soldat, le négociant, l'ouvrier, le porteur d'eau, sont soumis à la même influence.

La culture de l'esprit, le frottement des

idées, les mouvements de la politique n'y peuvent rien. De même qu'un enfant court, les yeux remplis d'orgueil, porter ses couronnes à sa mère, tels ils reviennent tous, les fils de l'Aveyron, un peu plus tôt, un peu plus tard, les uns chargés de succès, les autres nantis de bonnes économies, terminer leur carrière errante dans le cercle de leurs premiers horizons.

Ainsi entendue, l'émigration n'appauvrit point un pays ; elle le féconde et le renouvelle en lui apportant un alluvion qui fertilise son sol sans en changer la nature propre.

Encore que Monteil ne soit pas venu mourir dans son pays d'origine, il en avait toujours gardé le religieux souvenir.

Plusieurs de ses ouvrages, parmi ceux que vous rééditez, témoignent de son ardent amour pour la région à laquelle le rattachaient et la naissance et de précieuses amitiés. En fixant au milieu de nous l'image de cet homme de bien, nous répondrons au vœu secret de son cœur. Si son humilité lui eut permis de son vivant de jamais rêver une statue, il n'en eut point marqué la place ailleurs qu'aux alentours du toit sous lequel il est venu au monde.

La reconnaissance publique ne saurait différer davantage le marbre qu'elle doit à un historien de premier ordre, à l'auteur d'une œuvre originale et démocratique entre toutes.

Il se trouvera bien, nous l'espérons, quelque ciseau de compatriote pour faire revivre à nos yeux, dans sa noble simplicité, cette figure de penseur, éclairée par un sourire de bonté.

Les pages que vous lui avez consacrées ne peuvent que hâter l'heure d'une si juste apothéose. Je vous remercie de m'avoir fourni l'occasion de contresigner l'hommage dû à ce grand Français et à cet excellent Aveyronnais.

LOUIS DENAYROUZE.

Amans-Alexis MONTEIL
(1769-1850).

ANS sa séance du 10 novembre 1882, notre Conseil municipal a décidé qu'une souscription nationale serait ouverte dans le but d'ériger à Amans-Alexis Monteil une statue en bronze sur une de nos places publiques.

Il y a bien longtemps que cette idée avait été émise au sein du Conseil municipal et il est même probable que la statue de Monteil ne tarderait pas à reposer sur son piédestal si des divisions regrettables n'avaient provoqué la démission de ceux qui avaient pris l'initiative de cette souscription.

Mais pour n'être pas neuve la pensée de notre Conseil municipal n'en est pas moins excellente.

En effet, si un de nos compatriotes a droit à notre reconnaissance et à notre admiration c'est bien le savant auteur de la *Description du département de l'Aveyron* et de *l'Histoire des Français des divers états.*

Que d'érudition! que d'esprit! que d'originalité surtout dans ce dernier ouvrage auquel Monteil a attaché son nom d'une façon impérissable!

Mais nos lecteurs connaissent cette histoire et savent que c'est la seule histoire vraiment démocratique de la France.

Avant Monteil nos historiens ne s'occupaient dans leurs récits que des rois, des princes et des guerriers. De même que le cardinal de Richelieu se vantait de couvrir la nation de sa *robe rouge*, de même les rois et les hauts seigneurs avaient la prétention exagérée de la couvrir de leur pourpre et de leurs écharpes brillantes.

Le flambeau de l'histoire n'éclairait que les champs de bataille, les palais des rois, les donjons et les créneaux de la féodalité. Il laissait dans l'ombre la pauvre cabane du laboureur, l'atelier de l'artisan, le comptoir du marchand, le laboratoire du savant.

Le peuple était tenu à l'écart ou n'assistait au grand drame que comme un comparse.

Et, cependant, qu'est-ce qui fait la force, la grandeur, la gloire, le génie d'une nation si ce n'est le travail qui crée? Et que serions-nous sans le cultivateur qui fertilise notre sol nourricier; sans l'artisan qui nous habille;

sans le commerçant qui exporte nos produits
ou importe ceux de l'étranger ; sans l'ouvrier
qui creuse nos canaux, construit nos ports,
nos routes, nos demeures, nos palais et nos
temples ; sans l'artiste qui exprime, traduit,
ennoblit, idéalise nos impressions avec le
pinceau, le ciseau ou le burin ; sans le savant
qui les yeux sans cesse tournés vers le sphinx
de l'avenir, lui ravit, à force de pénétration
et d'intelligence, les secrets du progrès pour
en faire bénéficier ses contemporains ?

En introduisant dans les grandes galeries
de l'histoire ces déshérités, Monteil l'a ren-
due nationale.

Ce n'est plus l'histoire-bataille, l'histoire
des grands, l'histoire des oppresseurs, c'est
l'*Histoire des Français des divers états.*

Là, à côté des oriflammes et des étendards
de la souveraineté royale ou nationale, flot-
tent les diverses bannières des corporations ;
à côté de l'épée vaillante de nos grands capitaines, brille l'industrieux outil de l'ouvrier
et l'on peut embrasser dans leur ensemble
les éléments constitutifs de la nation.

Œuvre originale dans le fond, originale
dans la forme, cette histoire était une innovation. Aussi fit-elle sensation dans le monde
des lettres.

Du haut de la chaire de Sorbonne où il
professait avec une si rare distinction Guizot

la signala à son auditoire attentif et recueilli. L'Institut la couronna deux fois et peu s'en fallut qu'il lui accordât le grand prix du baron Gobert.

Naguère inconnu, le nom du célèbre historien fut placé à côté de celui d'Augustin Thierry et répercuté par tous les échos de la presse.

Les louanges ne lui manquèrent pas, et il trouva en J. Janin, l'éminent critique du *Journal des Débats*, un admirateur enthousiaste et dévoué.

Par contre les partisans de la vieille histoire-bataille soulevèrent contre ce livre des objections qui allèrent parfois jusqu'au dénigrement systématique.

Monteil ne vit que germer le grain qu'il avait semé pendant plus de quarante ans. Il mourut avant la moisson, après avoir vu se dissiper une à une ses chères illusions et ses espérances.

Pourtant il ne se laissa point abattre par les déceptions qu'il éprouva. Il lui en fallait si peu pour vivre ! Un petit pain d'un sou et un sou de lait lui suffisaient. Et puis, il était philosophe et trouvait que son ami Laromiguière avait raison lorsque, pour le consoler de l'indifférence des uns, des critiques injustes et passionnées des autres, il lui disait avec cet accent qui va droit au cœur : « A quoi bon ces vanités qu'on te refuse , ami Monteil; en quoi viendront-elles en aide à ta vie? et qu'en feras-tu après ta mort? Vivons cachés; vivons sans récompense et contentons-nous du petit bruit que font nos livres sans y ajouter des bruits factices et des titres menteurs. »

La démocratie n'a pas oublié que c'est à Monteil qu'elle doit son histoire. Aussi sommes-nous persuadé que toutes les villes de France tiendront à honneur de contribuer à l'érection du monument qui doit en perpétuer le souvenir.....

P. S.

Rodez, le 21 novembre 1882 (Extrait du *Courrier républicain de l'Aveyron*).

A NOS LECTEURS.

Amans-Alexis MONTEIL est une de nos célébrités aveyronnaises.

Nul n'aima mieux son pays, nul ne sut mieux peindre les mœurs et le caractère des habitants de notre vieux Rouergue.

Sa *Description du département de l'Aveyron* (1), publiée en l'an X et à l'impression de laquelle le ministre de l'intérieur François de Neufchâteau et l'administration départementale se firent un honneur de contribuer, est considérée comme un modèle du genre.

Son *Histoire des Français des divers états* a été une heureuse et féconde innovation.

Avant lui, nous avions l'histoire-bataille, l'histoire des rois, des princes, de la noblesse, du clergé, en un mot, des états privilégiés, mais nous n'avions pas celle du tiers état.

C'est Monteil qui, le premier, a démocratisé l'histoire en y introduisant le peuple, ce peuple que l'on tenait toujours à l'écart et qui représentait, pourtant, l'immense majorité de la nation.

Comme presque tous les novateurs, Monteil resta incompris de la plupart de ses contemporains. Il prévoyait, cependant, l'influence

_____

(1) On écrivait alors *Aveiron*, *Aveironnais*.

qu'exercerait un jour son histoire lorsque s'adressant à ses critiques, à ses détracteurs, il leur disait : « Mais non, les vieilles idées sur l'histoire qui dominent encore les autres nations vous dominent encore. Les statues, que je vois tous les jours en passant sur le pont de Louis XV, me représentent, à cet égard, l'opinion encore vivante ; il n'y a que les statues des grands hommes de deux ou trois états. Je n'y vois pas celles des grands agriculteurs, des grands fabricants, des grands commerçants, des grands jurisconsultes, des grands médecins, des grands savants, des grands écrivains, des grands artistes.

» Aussitôt que l'histoire nationale, l'histoire des *divers états* sera la vraie, la seule histoire de France, aussitôt on les y verra (1). »

On en voit déjà dans presque toutes les villes de France et il ne se passe pas d'année sans qu'on en dresse de nouvelles. Bientôt tu auras la tienne, ô Monteil! et ce sera justice.

Aussi nous ne saurions trop engager nos lecteurs à participer à la souscription nationale que la ville de Rodez va ouvrir dans le but de perpétuer parmi nous le souvenir de notre cher historien.

Il faut que le département de l'Aveyron honore particulièrement la mémoire de Mon-

_____

(1) Monteil, *Traité des matériaux manuscrits.*

teil et que le nom de notre savant compatriote reçoive enfin la consécration éclatante que la postérité impartiale réserve à ceux qui ont bien mérité de leur pays.

P. S.

Rodez, le 16 janvier 1883. (Extrait du *Courrier républicain de l'Aveyron*.)

LA MAISON NATALE DE MONTEIL.

D'APRÈS le consciencieux auteur des intéressantes *Lettres sur l'histoire de Rodez*,
M. Henri Affre, la maison natale
d'Amans-Alexis Monteil est située dans la
rue Neuve et porte le n° 21. Elle appartient
à M. Guiral, négociant, et ce fut le grand-
père de celui-ci, Martial Guiral, marchand,
qui l'acheta le 18 nivôse an II au père
d'Alexis Monteil, originaire de Brenac, près
de Sainte-Geneviève, ancien conseiller du
roi, receveur des consignations, commissaire
des saisies réelles, etc., alors « propriétaire
cultivateur au village d'Istournet, paroisse
de Sainte-Radegonde. » Cet immeuble qui
était habité depuis plusieurs siècles par les
aïeux de la mère d'Alexis Monteil, Marie
Mazet, fille de Jean Mazet, marchand à
Rodez, et de Jeanne Maffettes, mariée à
Jean-Baptiste Monteil, le 6 mai 1754, fut
vendu au prix de quinze mille francs. Il
consistait (1) en « deux boutiques, deux

---

(1) Voir l'acte de vente, Miquel, notaire.

caves, écurie, cuisine de plain-pied, petite cour, chambres et galetas » et confrontait, au midi, avec maison et basse-cour « du citoyen Delauro. »

Ce qui prouve que cette maison est, en effet, celle où naquit le savant historien des *Français des divers états*, le 7 juin 1769, c'est l'extrait suivant d'une lettre inédite qui nous a été communiquée et que Monteil adressa de Passy à M. Alfred Delauro, le 14 mai 1839 :

« Mon cher compatriote, plus compatriote que tout autre, car *vous et moi sommes nés* dans deux maisons qui n'étaient séparées que par un mur couronné de beaux violiers jaunes qu'il me semble voir encore......... »

Monteil est pourtant loin d'être aussi affirmatif dans une lettre qu'il écrivit à M. Jules Duval, le 1er mai 1842 (1), et dont nous extrayons le passage qui suit :

« Je ne sais pas si j'y suis né (rue Neuve), je crois plutôt être né à la maison du Chapitre dont mon père était trésorier. Je suis sûr qu'à l'âge de quatre ans j'y ai eu la petite vérole et que mon petit lit était placé dans un de ces petits cabinets de pierre du XIIe ou XIIIe siècle à moitié engagés dans les murs de pierre de taille de cinq ou six pieds d'épaisseur. Je vois encore la longue et étroite fenê-

(1) Voir la *Revue de l'Aveyron*.

tre vitrée en verre rouge et jaune qui, ainsi
que les arêtes des voûtes, frappaient mes
yeux et imprimaient leurs images dans mon
cerveau, et il me semble que mes descriptions du xiv⁰ siècle en portent quelques empreintes. »

Voici ce que Monteil nous apprend, en outre, dans ses *Ephémérides*, pages 52, 53 :

« Le Chapitre de Notre-Dame de Rodez
était autrefois régulier. Lorsqu'il avait été
sécularisé il avait conservé les bâtiments
claustraux du xiie ou xiiie siècle. Là étaient
les magasins, les greniers, la salle capitulaire, les logements des officiers laïques dont
le trésorier qui était magnifiquement appointé
était le premier. Mon père l'a été pendant
plusieurs années. J'ai passé mon enfance dans
ces noires murailles de quatre ou cinq pieds
d'épaisseur. Aujourd'hui c'est, m'a-t-on dit,
l'Hôtel-de-Ville. Je ne sais si l'on a conservé
les antiques et précieuses peintures d'une
grande salle souterraine, si les autres grandes et majestueuses salles existent encore,
surtout s'il existe au premier étage une petite
chambre voûtée qui ne recevait le jour que
par une seule fenêtre très longue, très étroite, vitrée en verre peint. C'est là que moi,
qui écris ceci, gisais à l'âge de quatre ou cinq
ans, malade de la maladie qui alors enlevait
le tiers des enfants, la petite vérole. Le soleil

diversement colorié en passant par cette ancienne vitre, qui teignait successivement mon
petit lit, ma petite chambre, me réjouissait,
et ce souvenir m'enchante encore. »

Comment se fait-il que Monteil si affirmatif
dans sa lettre à M. Alfred Delauro le soit si
peu dans ces deux dernières citations? Mais
pourquoi opposer Monteil à Monteil lui-même? Laissons-le plutôt nous donner quelques
renseignements sur l'intérieur de cette maison bourgeoise dont la façade, jadis en grès
noirâtre et percée de croisées à meneaux de
pierre qui rappelaient le temps de la Ligue,
fut remaniée quelques années avant la Révolution par Mme Monteil, mère :

« La maison était de celles qu'on nomme
réglées : à 11 heures le dîner : bouilli, entrée ; à 6 heures le souper : rôti cuit au four,
salade.

» Prière en commun le matin ; prière en
commun le soir ; bénédicité, grâces ; après les
grâces, récréation : damier, jeu de l'oie,
quelquefois les cartes, la petite gazette de la
ville ; contes tant et plus.

» Maigre aux jours prohibés, cela va sans
dire.

Vendredi chair on ne mangeait
Ni le samedi mêmement.

» Et je vous assure qu'on jeûnait le carême entièrement (1). »

Autres détails :

« La chambre de ma mère, parquetée, boisée, plafonnée, tapissée d'une tenture de feltrin, était la plus belle de la maison, mais elle ne l'habitait guère que la nuit ; tous les matins, à sept heures, sa grande chatte à poil de lièvre venait la prendre en filant et la conduisait à la cuisine, d'où elle ne sortait plus le reste du jour. Contre l'usage des autres maisons, le salon demeurait avec son ottomane et ses fauteuils vêtus d'un fourreau de toile bleue, clos et froid. On mangeait à la cuisine, et dans ma mémoire, la table est encore, pour ainsi dire, toute dressée. Comme elle était de grosses planches de noyer, portée sur un lourd pliant de même bois, les dix-huit jambes de la famille avaient, au commencement du repas, bien de la peine à se combiner. Du côté du feu, à l'opposite de la porte, était mon père ; ensuite mes deux frères aînés, le secrétaire, le précepteur : mon frère Fontenilles, âgé de quatorze ou quinze ans ; mon cousin Ginesty, neveu de mon père, âgé de dix ou onze ; moi, qui écris ceci quarante ans après, âgé de neuf ou dix ; ma sœur, âgée de douze ou treize ; ma mère, qui était à la gauche de mon père.

_____

(1) *Ephémérides*, page 2.

» Nous étions servis en linge gris, en
faïence brune. Vers le haut de la table, il y
avait de l'argenterie ; vers le bas, des couverts d'étain ; vers le haut, deux bouteilles
de vin ; vers le bas, deux carafes d'eau ; vers
le haut, on ne buvait guère que du vin pur,
et, à cause de l'âge, c'était bien fait ; vers le
bas, on ne buvait guère que de l'eau pure ou
légèrement rougie, et, à cause de l'âge, c'é-
tait encore bien fait.

» Ma mère compassait, coupait, tranchait
et servait tout le monde, d'après son rang,
en quantité et sans doute en qualité. Il régnait dans ses répartitions la sévère maxime
ni trop, ni trop peu.

» A la fin du repas, mon père se levait, on
se levait ; ma mère disait les grâces à voix
haute. Elle faisait la révérence à mon père
qui la saluait ; ils saluaient la famille et la
famille les saluait. C'est acheter un peu chè-
rement la règle, j'en conviens ; mais je ne
sais si on n'achète pas encore plus chère-
ment l'anarchie (1). »

« Mme Monteil mourut dans la maison de
ses aïeux. Bientôt la Révolution, de sa voix
impérieuse, dit là, comme dans un si grand
nombre d'autres maisons : « Anciens habitants, faites place à d'autres, sortez (2)! »

_____

(1) *Ephémérides*, pages 40, 41.
(2)   Id.   page 37.

En effet, M. Monteil père, qui était ou avait
été conseiller du roi, receveur des consignations et des deniers provenant des saisies réelles de la sénéchaussée de Rodez,
économe du Collège et trésorier du Chapitre
de la Cathédrale, se trouva privé de tout emploi par la Révolution qui lui fit aussi perdre
de nombreuses rentes.

Obligé de vendre la maison de la rue Neuve, pour mettre ordre à ses affaires, il se
retira dans sa propriété d'Istournet, aujour-
d'hui propriété de M. Yence, où il mourut le
8 janvier 1805.

Un coup d'œil jeté dans le cabinet de travail
du père de Monteil, à Istournet, donnera
l'idée de celui qu'il avait eu dans la rue
Neuve :

« C'était la même disposition des tablettes
de la bibliothèque, garnies de franges de drap
jaune, raconte Monteil. A côté de la cheminée étaient les quatre ou cinq cannes de mon
père, toutes longues comme des bourdons,
l'une en bois de rose pour les curieux; deux
autres à lance ou à lame contre les chiens
enragés; une autre à pomme d'or pour les
jours de visites, une autre à pomme d'argent pour les jours ordinaires. Celle-ci était
singulière en ce qu'elle était plus longue
que les autres et qu'elle était emmanchée au
haut d'une autre plus mince et qui dominait

la main. La cheminée était toujours décorée
d'un tableau ovale de la Sainte-Vierge , qui
s'élevait jusqu'au plafond , et sur le devant un
beau crucifix d'ivoire , servait, comme à la
ville , à contenir les lettres qu'il recevait ;
mais les lettres et les amis avaient diminué
et mon père avait remarqué douloureusement
le vide toujours croissant entre le crucifix et
le tableau : « Mes enfants, disait-il , atta-
chons-nous à Dieu. » Enfin , le cabinet de la
campagne était décoré des mêmes tapisseries
que celui de la ville , elles étaient en toile ;
mon père les avait fait peindre par un peintre
du pays , à trois francs la toise. Elles représentaient des arbres, des troupeaux , des fermes , qui , dans mon enfance , m'avaient
charmé. A la campagne , ces mêmes objets
me parurent difformes et décolorés : la description de Paris est bien plus piquante dans
les provinces (1). »

Monteil garda toujours le meilleur souvenir de ses bons voisins de la rue Neuve. C'est
avec vénération qu'il parle de la famille
Delauro qui fournit un prélat à l'évêché de
Vabres, et surtout de Madame Delauro , née
de Sambucy, dont le dévouement à ses compatriotes malheureux est resté légendaire.

« Elle porte , écrivait-il à M. Alfred De-

_____

(1) *Ephémérides*, pages 4 et 5.

lauro (1), dans un monde où il n'y a plus de misère, la belle couronne de la mère des pauvres comme on la nommait et comme je la nomme dans mon xviii° siècle (2).......... »

Il avait particulièrement connu M. Delauro-Dubez qui avant d'être conseiller à la Cour de Montpellier et d'écrire l'*A thée redevenu chrétien*, ne dédaignait pas de cultiver la muse souvent légère de la chanson.

Qui ne connaît ce joyeux refrain d'une de ses compositions devenues populaires?

> Remplis ton verre vide,
> Vide ton verre plein ;
> Ne laisse jamais dans ta main
> Ton verre ni plein, ni vide !
> Ne laisse jamais dans ta main
> Ton verre ni vide, ni plein !

Du temps que Monteil était professeur à l'Ecole centrale de l'Aveyron, il fréquentait beaucoup Delauro-Dubez : « Presque tous les jours, dit-il, nous nous rencontrions à la promenade ; je l'écoutais attentivement et c'était bien pour moi un sage qui parlait ; mais qu'il y avait loin de l'homme qui causait avec clarté, avec justesse, avec agrément à l'homme qui a laissé un si beau livre (l'*A thée rede-*

---

(1) MONTEIL. — Lettre inédite à M. Alf. Delauro.
(2) Voir l'*Histoire des Français des divers états.*

venu chrétien) sur la matière la plus difficile...... (1). »

Que d'autres souvenirs lui étaient sans cesse
rappelés par cette vieille rue qui s'appelle et
tient encore à s'appeler *rue Neuve*, en dépit
de son grand âge ! En voici un qui a l'exquise
saveur d'une des premières et charmantes
impressions de l'enfance :

« .... Dans le voisinage demeurait un
vicaire de chœur de la cathédrale, qui se
chargea de mon instruction. Quelles étaient
joviales les trois cloches Martial, Marie et la
petite qui, deux fois par jour, appelaient mon
instituteur à l'église et sonnaient en même
temps ma liberté ! car aussitôt qu'il avait les
pieds dans la rue, je sortais de sa chambre..... » Et où allait-il ? Dans l'atelier
de couture que tenaient les sœurs du vicaire. « Quand les jeunes filles entendaient
leur frère rentrer, elles s'empressaient de
m'avertir. Je regagnais vite sa chambre, où
je reprenais la mine d'un petit Caton (2). »

Monteil parle maintes fois de la rue Neuve
dans son *Histoire des Français des divers états*,
notamment au chapitre intitulé : *La décade de
Madame Rudel de Serres*, tome 5.

« Madame Rudel de Serres, dit-il, avait à

---

(1) MONTEIL. — Lettre inédite à M. Alf. Delauro.
(2) *Ephémérides,* page 54.

Rodez une sœur aînée établie dans *notre rue Neuve* qui malgré son nom n'en figure pas moins un S gothique. Dans notre *rue Neuve* les filles sont très jolies » et, il ajoute quelques lignes plus loin, « nous sommes amoureux, tendres, soumis...... »

Est-ce toujours la même chose dans la rue Neuve ? Eh ! pourquoi pas ?

P. S.

ÉPHÉMÉRIDES DE MONTEIL.

I.

Dans ses *Ephémérides*, qui furent impri-
mées en 1857, à Rodez, par les soins
de la *Société des Lettres*, *Sciences et
Arts de l'Aveyron*, Amans-Alexis Monteil
nous a laissé des pages qui, animées et em-
bellies par les souvenirs du foyer paternel,
sont de vraies scènes domestiques. Ecrites au
courant de la plume, *currente calamo*, elles
ont le charme, l'imprévu et la sincérité des
confidences intimes. Faite dans ces moments
où l'esprit fatigué des réalités du présent
aime à se rappeler le passé, cette chronique
est l'histoire des proches parents de Monteil.
En effet, Alexis Monteil nous y peint son
père, sa mère, sa grand'mère, sa femme,
son fils, ses frères, ses sœurs, tantôt avec
le pinceau de Greuze, tantôt avec le pastel
de Latour. Malgré le voile discret qui les
couvre parfois, ces divers portraits accusent une ressemblance parfaite et semblent
vivre dans leurs vieux cadres ; mais c'est

vraiment dommage que Monteil ne nous ait laissé de lui-même qu'un croquis inachevé. Parcourons, si vous le voulez bien, cette galerie de portraits de famille et arrêtons-nous d'abord devant celui de Jean-Baptiste Monteil père, conseiller du roi, commissaire aux saisies réelles, etc.

A tout seigneur, tout honneur.

« Il aimait les habits parants, raconte Alexis Monteil ; il a été un des derniers qui aient porté des galons sur toutes les tailles. Encore il me semble le voir partir pour sa ferme avec son habit gris, sa veste écarlate galonnée d'or, son couteau de chasse pendu à la ceinture. Le domestique portant son fusil, le précédait de quelques pas. Quelquefois il se faisait accompagner, alors il allait ordinairement à pied (1). »

C'était un excellent homme, la probité même. Ennemi de la superstition il observait rigoureusement les commandements de Dieu et de l'Eglise. Ah! il n'entendait pas raillerie sur ce point!

« A Pâques, il fallait, comme dans toutes les maisons réglées, se confesser et faire son bon jour.

» Il fallait, aussi, aller tous les dimanches à la messe de paroisse.

_____

(1) *Ephémérides,* page 2.

» A huit heures et demie, une petite cloche,
moitié argent, moitié métal, appelait de sa
jolie voix les fidèles, et aussitôt vous voyiez
se mettre en marche vers la cathédrale toutes
les familles. Le père de famille précédait,
entouré des garçons ; la mère, entourée de
ses filles, suivait. Bientôt la nef de cette vaste
basilique était remplie : chacun était à sa
place, à son rang. Les frères des écoles chrétiennes, avec leurs écoliers agenouillés sur
neuf rangs, étaient le plus près de la porte.
A l'autre extrémité étaient dressés des bancs
à dossier couverts de drap bleu fleurdelisé,
où s'asseyaient les conseillers au présidial, à
l'élection et les officiers des eaux et forêts.
Un autre banc, où brûlait un cierge, était
destiné aux officiers municipaux, qui s'y rendaient avec leur robe mi-partie de rouge et
de noir. Les intervalles étaient remplis par
la foule. Lorsque mon père apercevait quelqu'un de ses fils, entendant la messe, sans
Heures, bien qu'il fut à l'autre bout de l'église,
il lui envoyait les siennes, et c'était une
chose assez singulière que de voir ces Heures,
couvertes d'un étui de chamois violet, se diri-
ger, de main en main, à leur adresse, au
travers d'une foule de deux ou trois mille
personnes (1). »

(1) *Ephémérides*, pages 2 et 3.

Par ses qualités M. Jean Monteil avait su mériter les sympathies des Ruthénois et surtout de ses voisins, les habitants de la rue Neuve :

« Je me souviens que lorsqu'il passait dans la rue où il demeurait, les artisans, à droite et à gauche, se levaient de sur leur escabelle pour le saluer et presque toujours mon père tenait ou me faisait tenir le chapeau à la main (1). »

Ses meilleurs amis étaient M. de Monseignat, grand-père de M. Hippolyte de Monseignat, ancien maire de Rodez et député de l'Aveyron ; M. Costes, notaire ; M. de Bonald ; M. Bousquet, riche paysan du village d'Olemps, continuellement coiffé, hiver et été, d'un bonnet de laine écarlate surmonté d'un grand chapeau à trois cornes ; M. le baron d'Ussel, etc.

« Quand M. le baron d'Ussel venait à la ville, rapporte Alexis Monteil, il logeait toujours chez mon père et je me souviens qu'il y avait à la maison une chambre, peinte en jaune, qu'on appelait la chambre de M. d'Ussel. Tout le temps qu'il y demeurait, mes jeunes frères et moi étions contenus par sa présence. Sa figure était vraiment vénérable et en même temps martiale. Il portait une

---

(1) *Ephémérides*, page 7.

cape blanche et un chapeau blanc avec une
seule corne. Par derrière, on l'aurait pris
pour un ours blanc.....

» Le fameux Jeanot, fameux du moins dans
son temps et dans son canton, était le directeur des chasses de M. d'Ussel. Il se mettait
en campagne tous les jours de grand matin ;
mais M. d'Ussel et les autres chasseurs ne
partaient qu'à midi ; ils allaient joindre
Jeanot au lieu convenu. M. d'Ussel, à cause
de son grand âge, ne descendait jamais de
cheval. Son fusil était attaché à l'arçon de la
selle par tant de courroies qu'avant qu'il put
le mettre en joue, le gibier s'était presque
toujours enfui ; c'était une vraie comédie dont
il ne fallait cependant rire que poliment, car
il était fort vif.

» Suivant mon père, c'était l'homme qui
était le plus magnifique et qui avait en même
temps le plus d'ordre ; véritablement il a
laissé à ses enfants quinze ou vingt mille
francs de rente.

» Mes frères lui avaient remarqué un léger
tic : c'était de se glisser, à la fin de la messe,
derrière son aumônier et, au dernier mot du
dernier Evangile, de lui souffler la chandelle
au nez. J'ai pensé depuis que cet homme,
qui passait pour avoir l'esprit fin, voulait
peut-être donner tous les dimanches aux gens

du château un avertissement ou une recommandation d'économie (1). »

M. Jean Monteil n'était pas précisément ce
qu'on appelle ami avec le prévôt, mais celui-
ci lui rendait des services d'ami. Ah ! le bon
prévôt que c'était là ! et comme quelques
années plus tard on dut le regretter !

« Il était chargé du tirage de la milice.
Mon père n'avait pas besoin de lui pour ses
enfants, car il les exemptait du tirage à plusieurs titres, comme officier royal, comme
avocat, comme seigneur et comme gros propriétaire. Mais il en avait besoin pour les
domestiques de sa ferme ; tous les deux ou
trois ans, il fallait qu'il fit trouver incapables
de servir dix ou douze jeunes gens beaux,
fleuris, forts, robustes.

» Voici comment il s'y prenait : « M. Camboulas ! disait-il au prévôt, réuni avec ses
archers au lieu du tirage, d'après les ordon-
nances, vous devez me passer un domestique;
et aussitôt paraissait un jeune villageois, qui
était bien le domestique de mon père, mais
qui était aussi en même temps garde-pré,
garde-chasse, jardinier et laboureur. Il était
vêtu d'un petit habit vert de serge, qu'on
avait bordé d'un padou de laine en guise de
galon de livrée. Exempt, disait le prévôt. —
M. Camboulas ! continuait mon père, ma

(1) *Ephémérides*, pages 11 et 12.

ferme est de neuf charrues, vous devez me
passer un maître-valet. Le maître-valet paraissait avec son noble habit de laboureur :
exempt, disait le prévôt. — M. Camboulas !
je suis seigneur de Saint-Geniez-aux-Erres ;
j'ai le droit de nommer les consuls. Je nomme
consuls de cette année Jacques, mon premier
bouvier, et Guillaume, mon *tra-bouvier*, c'est-
à-dire mon second bouvier ; et Jacques et
Guillaume, consuls de Saint-Geniez-aux-
Erres, village composé de trois maisons,
mais qui était autrefois une paroisse et for-
mait encore une commune, paraissaient :
exempts, disait le prévôt, et Jacques et Guillaume s'en retournaient avec la gravité des
deux consuls romains : comme eux, ils étaient
tirés de la charrue, comme eux, ils retournaient à la charrue ; comme eux, ils étaient
glorieux et triomphants, mais c'était pour
n'avoir rien à démêler ni avec les Samnites,
ni avec les Volsques.

» Je ne me souviens pas comment faisait
mon père pour les autres ; il s'aidait sans
doute de maladies vraies ou apparentes, des
défauts aux pieds et aux mains. Il y en avait
un, toutefois, si frais, si gaillard, qu'aucune
maladie ne pouvait lui aller ; — Oh ! pour
celui-là, dit le prévôt, il faut qu'il mette la
main au chapeau ! — Monsieur, dit mon père,
vous pouvez le faire marcher, mais je vous

défie de le faire parler ; c'est le plus grand bredouilleur qu'il y ait. — Voyons, dit le prévôt, comment se nomme ton village, ta paroisse? Aussitôt le jeune garçon de charrue qui n'était brin bête, charge son bredouillement naturel d'une manière si comique ; il divertit si bien le prévôt, les archers et toute l'assistance qu'il fut exempté avec l'approbation générale (1). »

Bien qu'aimé de tant de monde Jean Monteil éprouva pourtant des déboires. Les honneurs et les privilèges qu'il tenait de sa charge lui furent contestés par ses confrères du présidial qui ne voulaient pas qu'il vint prier Dieu à la cathédrale dans le banc qui leur était réservé. Il fallut plaider et recourir en dernier lieu à la haute autorité du Parlement qui prononça en faveur de Jean Monteil. Dèslors il eut sa place acquise parmi les magistrats de la cité, et, peut-être, ce n'est pas sans un certain orgueil qu'Alexis Monteil nous rappelle ces distinctions honorifiques :

« Je me souviens, dit-il, de l'avoir vu avec les autres membres du présidial, vêtu comme les autres d'une grande robe de soie noire, portant à la main un grand cierge de cire blanche, à la visite des églises et des processions.

---

(1) *Ephémérides*, pages 10 et 11.

» Il allait aussi quelquefois aux processions avec son habit écarlate, dans les rangs des Jacobins, qui donnaient place aux plus notables et pieux bourgeois entre le frère porte-croix et les religieux.

» Je me souviens encore d'avoir été une fois avec lui, pendant les vacances du collège, aux vêpres des Chartreux, qui recevaient aussi dans les rangs de leurs hautes stalles les plus notables et les plus pieux bourgeois. Suivant l'usage du couvent, un père Chartreux vint encenser l'un après l'autre tous ces bons bourgeois : mon père eut son tour ; j'eus aussi le mien. Le bon religieux s'arrêta devant moi, jeune écolier de treize ou quatorze ans ; il me fit un salut ; je me levai, je lui rendis son salut. Il dirigea vers moi trois coups d'encensoir ; il me fit un autre salut ; je lui rendis un autre salut ; il passa, je me rassis. Sans doute le lendemain j'allai raconter ma gloire à mes camarades ; sans doute j'en fus puni ; sans doute ils ne voulurent pas me croire (1). »

Les privilèges dont jouissait Jean Monteil cessèrent bientôt. La Révolution y mit un terme :

« Le 14 juillet 1789 une plus grande cloche que celle de la messe de paroisse de Rodez

(1) *Ephémérides,* pages 12 et 13.

sonna. Mon père, gros propriétaire, un peu
irrité contre les impôts, en attendait le premier coup avec plaisir, mais le second coup
lui parut celui d'un glas. Il fut effrayé. Le
monde où il avait vécu soixante ans se brisait
avec un fracas qui ne pouvait être agréable
qu'aux jeunes gens (1). »

M. Jean Monteil eut beaucoup à souffrir de
la Révolution. Non seulement il fut privé de
tout emploi, mais encore soupçonné d'*inci-
visme.* Il est vrai qu'alors il en fallait bien
peu pour éveiller de pareils soupçons ! Qu'on
en juge par l'anecdocte suivante :

Le père de Monteil avait un domaine de
vignes à Grand-Combe, près de Marcillac, où
il comptait parmi ses voisins les Chartreux de
Rodez qui possédaient aussi un gros vignoble
à Grand-Combe : « En temps de vendanges,
raconte Alexis Monteil, mon père y donnait
des fêtes à ses voisins et en recevait à son
tour.... A la Révolution les vignes des Chartreux furent vendues : Dom procureur vint
alors faire vendanges chez mon père. Il lui
prit envie d'aller tirer des merles, mais comme de sa vie il n'avait touché de fusil, il pria
mon père de lui mesurer une charge de poudre et de menu plomb. Sur ce modèle, il fit
un assez grand nombre de petites cartouches,

_____

(1) *Ephémérides,* page 3.

qu'il avait rangées sur sa table, lorsque les
vendangeurs de la maison l'aperçurent. Bientôt il se répandit dans tous les environs que
le procureur des Chartreux était venu aux
vignes pour fabriquer des cartouches et faire
la contre-révolution. En un instant on s'arme
de fusils, de faulx; une foule toujours crois-
sante vient environner la maison. Mon père
n'a que le temps de faire fermer les portes.
Au milieu du tumulte et des cris furieux se
font entendre les injures : mon père marche
seul et sans arme vers ces bonnes gens pour
leur demander à qui ils en voulaient : ils lui
répondent que c'est au père Chartreux qui
fait des cartouches pour *tuer la nation et re-*
tourner à la Chartreuse. Mon père leur dit
qu'il n'a fait que de petites cartouches à
merle et il offre de les leur montrer. Quatre
députés entrent dans la maison et rapportent
ces petites cartouches, qui passent de main en
main. Le siège est levé, la paix se fait aux
conditions que le père Chartreux partira dans
les vingt-quatre heures et que mon père fera
repeindre en vert les contrevents de la maison qu'il avait tout nouvellement, par économie, fait peindre en rouge (1). »

Jean Monteil ne devait pas en être quitte
pour si peu. C'est son fils Alexis qui parle :

« Aux vendanges de l'année suivante 1793,

(1) *Ephémérides*, page 7.

la maison des vignes de mon père fut encore
investie. Un gros détachement de la garde
nationale de Rodez vint l'arrêter pour le
conduire à la maison de réclusion. Elle avait
été établie au collège, depuis longtemps vide
de maîtres et d'écoliers. Je dirai en passant
que les deux premières personnes qu'on y
avait amenées étaient deux vieilles demoiselles, marchandes biscuitières, qu'on ren-
ferma d'abord dans l'église où elles se mirent
à chanter (1). »

Obligé de vendre, en l'an II, la maison qu'il
habitait à Rodez, rue Neuve, et où était née
sa femme, Marie Mazet, décédée quelques
années avant la Révolution, Jean Monteil qui
avait été conseiller du roi, commissaire aux
saisies réelles, c'est-à-dire chargé de l'administration des biens mis sous la main de la
justice, trésorier du Chapitre de la cathédrale
de Rodez, économe particulier du collège, etc.
se retira dans une de ses propriétés située à
Istournet, paroisse et commune de Sainte-
Radegonde. C'est là qu'il mourut, le 8 janvier
1805, loin de son fils Alexis, alors professeur
à l'Ecole de Fontainebleau.

« Ceux qui ont entouré son lit de mort se
souviennent de sa fermeté, je ne dirai pas
stoïque, je ne dirais pas assez. Après s'être

---

(1) *Ephémérides*, page 7.

entretenu avec douceur des illusions de cette
vie, après avoir donné la bénédiction à ses
enfants, il s'endormit paisiblement la tête appuyée sur le Livre des promesses éternel-
les (1). »

La dernière fois que Monteil vit son père
ce fut à Grand-Combe, à la maison des vignes. « Mon père, dit-il, vint me reconduire
jusqu'à une fontaine à laquelle mon imagination est liée par mille souvenirs de l'enfance.
Là. je reçus la dernière embrassade de mon
père. Depuis sa mort, ce beau vallon, ses
noyerées, ses vergers, ses vignes, ses prairies, ses maisons blanches, ses ruisseaux et
leurs verdoyants rivages se sont voilés d'un
crêpe funèbre (2). »

La mort de ce père bien-aimé a inspiré à
Alexis Monteil une des plus éloquentes pages
de ses *Ephémérides*. Nous la recommandons à
ceux qui, trompés par certaines apparences,
croient que le savant auteur de l'*Histoire des
Français des divers états* appartenait entièrement à l'école sceptique et railleuse du
XVIIIᵉ siècle :

« Maintenant qu'il habite une meilleure
région, son âme, dans ses nouveaux sens,
dans sa nouvelle existence, rappelle à son

(1) MONTEIL. — *Histoire des Français des divers
états,* T. I, page 454, renvoi.
(2) *Ephémérides,* page 6.

souvenir les peines et les soucis passés,
car le bonheur présent se compose en partie
du souvenir du malheur passé ; car si, dans
l'autre monde, il n'y avait pas le souvenir de
celui-ci, il y aurait discontinuation d'existence, et, mort de l'âme, il n'y aurait pas de
puissance divine, et la justice divine ne pourrait faire exécuter ses jugements.

» Ah ! me voilà bon homme, me voilà
dévot, me voilà brouillé, sinon avec le vieux,
du moins avec le jeune Montesquieu, avec le
vieux Voltaire, avec leurs jeunes et leurs
vieux amis ; ils s'en vont au plus vite ; je les
vois qui rient, qui haussent les épaules : mes
chers messieurs, un moment, je vous prie.
Les matelots du vaisseau de Colomb croyaient,
en général, au nouveau monde ; ils s'étaient
embarqués dans cette foi. Plusieurs d'entre
eux cependant en riaient. Le nouveau monde
n'en existait pas moins ; et, bon gré, malgré,
les uns et les autres y arrivèrent. »

II.

APRÈS nous avoir entretenu de son père, Alexis Monteil nous parle de sa femme. Voici en quels termes il commence la notice qu'il lui consacre dans ses *Ephémérides* :

« Ordinairement les anges descendent des cieux sur la terre. Le 8 mars 1813, un ange monta de la terre dans les cieux. Ma chère femme , Marie-Anne-Rose Rivié , fille de M. Rivié et de Mme Rivié, née Focras de La Neuville, mourut à Aubin, petite ville du Rouergue, un jour de dimanche, pendant la grand'messe, au moment où l'on sonnait au clocher l'élévation de l'hostie. »

Annette , ainsi l'appelait affectueusement Alexis Monteil, n'avait pas de prétentions nobiliaires. Pourtant un de ses aïeux parvint à une fortune et à une notoriété qui valaient bien un blason. Son histoire est assez surprenante. Laissons-la raconter à Monteil :

« Un jeune paysan, nommé Rivié, connu trente ou quarante ans après, dans son pays, sous le nom de *Grand Rivié*, après avoir fait

un assez mauvais apprentissage de maréchal-
ferrant, s'engagea dans un régiment de dragons. C'était du temps de Turenne, de Condé
ou, au plus tard, du temps de leur élève, le
maréchal de Luxembourg. Pendant un des
congés de semestre que le jeune Rivié passait
chez un maréchal-ferrant à travailler de son
métier, il arriva qu'un très beau cheval, ap-
partenant à un grand seigneur, devint malade et fut amené à son maître. Le maréchal
y fit tout ce qu'il sut ; ensuite ne sachant plus
qu'y faire, il déclara qu'il n'y avait plus de
ressource. Le grand seigneur qui tenait beaucoup à ce cheval, se désespérait. Le jeune
Rivié se chargea de le guérir, si l'on voulait
le lui confier : le grand seigneur y consentit.
Le jeune Rivié avait vu son ancien maître
composer un purgatif très violent pour les
robustes mulets du Rouergue. Son ancien
maître le donnait aussi aux chevaux et aux
ânes dans toutes les maladies, parce qu'il
n'en savait pas d'autre. Le jeune Rivié le
donna au cheval du grand seigneur. Ce purgatif opéra merveilleusement. En peu de
jours le cheval fut rétabli. Le grand seigneur
fait venir le jeune Rivié, le comble de mar-
ques de bienveillance ; il lui achète ou lui
obtient son congé absolu et le place dans les
haras. Sous les ailes ou sur les ailes de son
protecteur, le jeune Rivié ne cesse de s'éle-

ver. Il apprend à chiffrer et on lui enseigne une si bonne arithmétique, qu'ayant obtenu l'entreprise générale de la remonte des dragons, il y gagna plusieurs millions.

» Alors il voulut aller se montrer dans son pays et cela était naturel : il arriva sur la fin du jour à Sévérac le-Châtel, comme on disait encore de son temps. C'est une petite ville du Rouergue, autrefois chef-lieu du duché d'Arpajon, où il était né. A peu de distance une soupente de sa voiture casse. On va chercher des secours. Il entre dans la ville à la lueur des flambeaux et va descendre chez son ancien maître, sous prétexte de faire arranger sa voiture. Il fait apporter du vin, s'assied et commande au vieux maréchal de s'asseoir vis-à-vis de lui. Le bonhomme, voyant un si grand personnage, entouré de ses valets et de sa livrée, ne veut pas prendre une si grande liberté. Alors Rivié, vraiment dans ce moment là le *Grand Rivié*, auquel le prince de Conti, dont j'ai tenu les lettres entre mes mains, écrivait : « Vous êtes l'homme le plus magnifique ; je vous remercie des superbes chevaux et des superbes chiens que vous m'avez envoyés », ceint un tablier de cuir de maréchal, s'approche de la forge, souffle, enflamme le fer qu'il tenait et se met à le battre : Quoi ! dit-il au vieux maréchal, vous ne reconnaissez pas votre ancien gar-

çon ! Le maréchal se jette dans ses bras ;
Rivié l'embrasse mille fois, achève de vider
la bouteille, lui fait mille amitiés et lui laisse
un sac d'or.

» De là il court répandre ses richesses
parmi sa nombreuse parenté qui, changeant
de fortune, change bientôt de costume et de
mœurs.

» La prospérité de Rivié augmenta encore.
Il s'allia par ses enfants avec plusieurs grandes maisons et notamment, par une de ses
filles, avec la maison de Lusignan. Et comme
elle mourut sans enfants, une partie de la
dot de ma femme portait sur une ancienne
constitution de rente qui en provenait. Annette n'en put rien tirer et je lui disais quelquefois, en riant, que son paiement était sur
le royaume de Jérusalem et de Chypre. Il
lui revenait aussi, en vertu d'une substitution
ouverte avant la Révolution, un seizième de
l'ancienne baronnie de Lugans dont le château est situé sur l'Aveyron. C'était une des
riches successions qu'avait laissé un des descendants du *Grand Rivié*. Jamais elle n'a pu
non plus en tirer un denier. Elle s'impatien-
tait tout doucement à cet égard lorsque le
besoin d'argent se faisait sentir. Je lui disais
encore en riant : ton ex-baronnie est dans l'ex-
royaume de Jérusalem et de Chypre (1). »

(1) *Ephémérides,* pages 14, 15 et 16.

Mlle Marie-Anne-Rose Rivié naquit en 1776, à Saint-Geniez, où son père exerçait la profession d'avocat. C'était un des frères du colonel Rivié « bon écrivain, brave guerrier, citoyen aimable, auquel son mérite, a dit M. Rogéry, maire de Saint-Geniez, tint lieu de naissance et qui parvint aux premiers grades dans un corps et dans un temps où la naissance excluait si souvent le mérite (1). » Né à Saint-Geniez, le 20 août 1739, Etienne-Pierre Rivié, chevalier de Saint-Louis, colonel du génie, mourut en 1791. Son portrait, ainsi que celui du colonel Higonet, de l'abbé Bonnaterre, de l'abbé Raynal et autres illustrations de Saint-Geniez, figure dans la salle des séances du conseil municipal de cette ville.

Mlle Anne Rivié fut élevée à Saint-Geniez chez les sœurs de l'Union qui avaient un pensionnat pour les jeunes filles de famille. Elle y connut la sœur Lagorrée « jeune religieuse blanche, belle, douce et sans doute sensible comme une colombe », qui « avait une jolie voix et se plaisait à chanter à l'extrémité du jardin où donnaient les fenêtres d'une maison particulière. Un jeune homme s'y faisait voir quelquefois et l'accompagnait

---

(1) *Conseil municipal de Saint-Geniez*, séance du 26 décembre 1809.

de la flûte. Je ne sais si de la musique ils en vinrent aux paroles, mais on les surprit et la sœur fut enfermée dans sa chambre.

» Les punitions et les réprimandes exaltèrent sa tête ; deux fois elle tenta de mettre le feu au couvent. On la mit alors dans une prison perpétuelle où les chagrins ne tardèrent pas à la tuer. On l'enterra dans le cimetière des religieuses, au pied d'un prunier qui, l'année suivante se chargea d'une prodigieuse quantité de prunes grasses, blanches et roses comme le visage de la feue sœur Lagorrée (1). »

La plupart des pensionnaires se plaisaient à savourer ces jolis fruits. La tendre imagination d'Annette ne lui permit pas d'en goûter. Il lui semblait qu'ils étaient pleins de larmes.

Mlle Anne Rivié était très aimée des religieuses et « jamais elles ne l'auraient laissé sortir du couvent si la Révolution n'en fut venue lui en briser les portes. Elle se montra pour la première fois dans le monde, mais dans ces jours terribles il était tout occupé par la tempête : on ne chantait plus ; on ne dansait plus ; les jeux et les amours s'étaient envolés (2). »

M. Rivié ne tarda pas à quitter St-Geniez

(1) *Ephémérides,* pages 16, 17.
(2)   Id.   page 17.

où il avait diminué considérablement une fortune relativement importante pour l'entretien
et l'éducation de ses nombreux enfants (1).
Il ne possédait guère plus qu'une ferme à
Lenne, canton de Campagnac, et un hôtel à
Saint-Géniez parfaitement meublé, superbe-
ment tapissé, orné d'une belle et riche bibliothèque, mais cet hôtel qu'il tenait, paraît-il,
d'un de ses grands oncles, M. Salomon,
ancien aumônier de Louis XIV et qui depuis
est devenu la propriété de M. Glandy, était
alors de peu de rapport (2).

Retiré à la campagne M. Rivié confia la
charrue à ses deux fils aînés ; « les trois
demoiselles cadettes furent ménagères, lai-
tières, bergères.

» Annette avait dix-sept ans ; vêtue d'une
jolie robe de laine qu'elle avait elle-même
filée et teint en rose, elle allait garder les
moutons. Lubin ne pouvait manquer de pa-
raître bientôt. Il se glissa le long d'une haie
et vint saluer Annette qui était assise à l'ombre ; à la seconde fois, Annette lui dit en
souriant : Monsieur, vous n'avancerez rien
ici ; mais si vos sentiments sont vrais venez
à la maison les déclarer devant ma famille.

---

(1) Il en eut seize.
(2) Nous tenons ces renseignements d'un petit-
fils de M. Rivié.

Lubin était le fils d'un homme fort riche, il ne se présenta plus (1). »

Lubin parti, vint un avocat, puis un chirurgien-major attaché à un détachement de volontaires. L'avocat demandait et la main de Mlle Rivié et le bel hôtel de St-Geniez. Pour trop vouloir, il n'eut rien. Le chirurgien-major mourut au moment où sa demande paraissait être agréée par la famille.

« Mon père, raconte Monteil, passant un jour dans le village où était Annette, la rencontra. Il fut enchanté de ses grâces. Il demanda qui elle était et dit : je voudrais bien qu'elle fut la femme de mon fils Bellecombe (2). Mon frère devenu ensuite par son mariage oncle d'Annette était encore libre. J'étais professeur à l'école militaire de Fontainebleau. Je partis, je vins épouser ou plutôt enlever Annette. La ville de Marvejols, où était marié un de mes frères, était sur mon passage. Nous y passâmes un jour avec Annette et ce fut un lit de soie, bleu de ciel, qui, je crois, avait été fait d'une robe de ma mère, qui voila le plus beau des sacrifices. Peut-être quelque cafard de sentiment trou-

(1) *Ephémérides*, pages 17, 18.
(2) Le père Monteil avait donné à chacun de ses fils le nom d'une de ses propriétés. Alexis s'appelait *Bellecombe;* Joachim, *Seveyrac;* Joseph-Antoine, *Fontenilles,* etc.

vera à dire à ce rapprochement. Je m'en
ris (1). »

Ils habitèrent pendant un an Fontainebleau. Monteil avait acheté à deux lieues de
la ville une maisonnette entourée d'un petit
jardin où ils se rendaient tous les jours. Quelquefois Mᵐᵉ Monteil devançait son mari
retenu à l'Ecole militaire et l'attendait sous
un arbre avec un panier contenant leur sou-
per-dîner qu'ils allaient faire à moitié chemin
« dans un beau salon à colonnes d'argent, à
lambris d'or », c'est-à-dire « dans une ge-
nêtée fleurie plantée de bouleaux blancs (2). »

Au moment où Monteil avait le plus besoin
de sa place de professeur à l'Ecole militaire,
il fut obligé de s'en démettre. Après avoir
vécu quelques années d'espérances à Paris
ils résolurent de faire comme les riches et
d'aller passer la belle saison à la campagne.
« Nous allâmes à notre petite propriété du
village des Sablons où pour soixante francs
par mois nous vivions de lait, de beurre qui
ne nous coûtaient guère ; des légumes, des
fruits de notre jardin qui ne nous coûtaient
rien (3). »

Là, Monteil travaillait à son *Histoire des*

---

(1) *Ephémérides,* page 18.
(2)   Id.   page 24.
(3)   Id.   pages 24, 25.

Français des divers états et en lisait des passages à Annette « dont l'imagination allumée
par le besoin », voyait sortir de ce livre
« des ruisseaux d'or. Nous mangeons, répé-
tait-elle souvent, le mauvais pain; le bon
pain qui va venir nous en paraîtra meilleur. »

Mme Monteil avait alors trente-cinq ans
environ. Nous avons vu dernièrement chez
un de ses neveux son portrait peint sur ivoire
par un miniaturiste inconnu, mais habile. Ce
n'est plus la jeune bergère d'autrefois, « vêtue d'une jolie robe de laine qu'elle avait
elle-même filée et teint en rose », c'est une
belle dame qui a tout l'air de sortir des salons
de Mme Récamier. Une robe de mousseline
dessine admirablement sa taille à la fois
souple et plantureuse et laisse à découvert
ses blanches épaules et une partie de sa
gorge d'albâtre. Rien de plus grâcieux que
l'arrangement de ses beaux cheveux bruns qui
forment des boucles légères et coquettes sur
son front et sur ses joues pleines de fraîcheur.

Evidemment Mme Monteil paraissait encore
heureuse, malgré les soucis du présent et les
incertitudes du lendemain ; mais cette appa-
rence de bonheur devait bientôt s'évanouir.

Leur détresse augmentant ils vendirent
leur maisonnette de campagne. Ce fut le gouvernement qui l'acheta pour y établir un
logement de garde.

« Nous reçûmes quatre mille cinq cents
francs en bel or des contributions de tous les
Etats de l'Europe, dit Monteil. Annette avait
de la peine à s'accoutumer à la gloire d'avoir
signé de sa timide main un contrat de vente
avec un empereur dont les Etats commen-
çaient à la Baltique et ne finissaient qu'au
delà du Tibre.

» Annette alla seule aux Sablons vendre les
meubles. Elle en rapporta une assez grosse
bourse pleine d'écus. Nous devînmes des pauvres à leur aise ; nous avions huit mille francs
en argent comptant. Ah! si la santé avait été
à vendre dans les pots des apothicaires (1) ! »

Mais la santé de Mme Monteil déclina rapi-
dement. A la suite d'un trop grand nombre
de bains qu'elle prit, une affection rhuma-
tismale la rendit boîteuse. Les médecins lui
conseillèrent l'air natal. Elle partit pour
Lenne. Monteil était alors professeur de littérature à l'école de Saint-Germain en Laye.
« L'air de nos montagnes fit d'abord mer-
veille, dit-il. Je croyais posséder mon Annette plus brillante de santé qu'auparavant,
mais les premiers froids de l'automne vinrent détruire ces espérances. L'état de mon
Annette empira. On crut bien faire ; on crut
devoir l'envoyer dans un climat plus doux',

_____

(1) *Ephémérides,* page 26.

comme s'il y avait de meilleur climat que
celui du toit paternel habité par une nombreuse famille.

« La main la plus savante, la plus habile,
la main de mon ami le docteur Murat (d'Aubin) retarda, mais n'arrêta pas les irrésisti-
bles progrès de la maladie qui m'enleva ma
chère Annette au milieu d'une population
qui la nommait la sainte, de même qne celle
du village des Sablons et du village de
Lenne, situés à plus de deux cents lieues
l'un de l'autre la nommaient unanimement la
bonne (1). »

Son cœur était pétri de bonté et de charmes : « Sa voix était la plus douce qu'on eût
pu entendre. Je l'ai donnée à l'Annette des
villages du Gévaudan ; je l'ai parée des traits
de ma chère Annette (2). »

Pauvre Annette ! « Elle se plaisait à se
dresser sur ses pieds, à lire derrière moi ce
que j'écrivais, raconte enfin Monteil les
larmes aux yeux. Elle m'en disait souvent
son avis ; elle me pinçait l'oreille ; elle était
là ; elle n'y est plus (3) ! »

---

(1) *Ephémérides*, page 27.
(2) Id. page 26.
(3) Id. page 27.

III

OICI maintenant un des frères aînés d'Alexis Monteil : Joachim-Alexis, dit *Seveyrac* qui fut, étant élève de rhétorique, le parrain du futur historien (1).

Il naquit à Rodez le 21 avril 1756.

« A quinze ans, il soutint thèses générales de philosophie. J'ai vu pendant longues années dans le cabinet de mon père, sa thèse imprimée sur satin , ornée d'une dentelle d'argent encadrée en or. L'image représentant une naissance de Jésus m'en paraissait fort belle, mais il n'en était pas ainsi du latin de logique, de géométrie et de physique qui était au-dessous. Seveyrac ne dédia pas sa thèse à l'intendant ou à l'évêque ainsi que mon père l'aurait peut-être désiré, il la dédia à la ville de Rodez : *almœ patriœ* (2). »

Seveyrac était connu de tout Rodez. C'était un boute-en-train. Ses camarades et Dieu sait s'ils étaient nombreux, ne faisaient

---

(1) H. Affre, *Lettres sur l'Histoire de Rodez*. — *Biographies Ruthénoises*.

(2) *Ephémérides,* page 28.

rien sans lui. A chaque instant les joyeux échos de la ville redisaient son nom. Seveyrac ! où est Seveyrac ?

Donnait-on un bal champêtre dans le Bois de Madame, près du Monastère, c'est lui qui faisait passer d'un bord à l'autre de la rivière les musiciens et les danseuses sur un grand cheval de meunier. Il n'était pas des derniers, s'il faut en croire Alexis Monteil, lorsqu'il arrivait à la jeunesse dorée « d'arracher la nuit les marteaux des portes et les enseignes et d'en faire un grand tas au milieu de la grande place, où le lendemain au matin chacun allait reprendre ce qui lui appartenait, ce qui ne se faisait pas sans disputes ni sans risées (1). »

Seveyrac présidait aux quêtes, aux aubades, aux illuminations, aux feux d'artifice, aux charivaris, et quand les pénitents bleus parcouraient la ville avec la musique, en dodelinant de la tête sous leur capuchon baissé, il se faisait toujours remarquer dans leurs rangs par sa haute taille et son basson.

« Dans ce temps on n'avait jamais vu d'autre théâtre à Rodez que celui de Mascomiéri, opérateur italien, qui pendant longues années purgea tous les pauvres villageois de la province avec des sachets de gland réduit en poudre.

(1) *Ephémérides*, page 7.

» Qui voulait voir une tragédie ou une
comédie était obligé d'aller jusqu'à Toulouse
ou jusqu'à Lyon. Un avocat de Rodez eut
l'idée de faire représenter Esther par ses
jeunes frères, ses jeunes sœurs, ses jeunes
cousins, ses jeunes cousines. Quatre repré-
sentations furent données le même jour dans
les bâtiments d'un grand jardin, et la salle
fut toujours pleine, car on ne payait pas.
Seveyrac fut encore chargé de se tenir sur la
porte, de faire entrer les gens comme il faut
et d'empêcher d'entrer les autres. J'étais au
milieu des autres, je criais : Seveyrac! Seveyrac! Aussitôt son bras long et vigoureux
me retira de la foule et je vis Assuérus,
Esther, Mardochée, enfin tous les personnages, chargés des perles et des diamants
qui manquaient aux belles spectatrices. Jamais je n'ai rien vu d'aussi beau, d'aussi
magnifique : j'avais huit ou neuf ans (1). »

Mais cette vie devait finir. Se destinant au
barreau Seveyrac fit son droit à Toulouse
puis voulant être avocat au parlement de
Paris il partit pour la capitale.

« ..... Les voitures de Rodez à Paris
n'existaient pas; celles de Clermont à Paris
ne partaient qu'une fois la semaine et coûtaient quatre-vingts francs. Aussi l'usage

(1) *Ephémérides*, page 29.

général était d'acheter un cheval au meilleur
marché possible, de lui faire faire les plus
longues journées possibles, de l'amener mort
ou vif à Paris où on le vendait à peu près
pour le prix de la peau. Il y avait alors à
Paris un ancien aide-major de la gendarme-
rie de Luneville, natif de Rodez. Il s'appelait
le chevalier Dièche, et je rappelle ici avec
plaisir sa mémoire : il était pour ainsi dire
le conseil de tous les gens du pays à l'échelle
de Paris, alors si lointaine. Tous les Rouergas, qui venaient de leur province, allaient
descendre à la rue Gilles-Cœur, parce qu'il y
logeait. Seveyrac qui était l'ami de son neveu,
en fut surtout bien accueilli. Le premier service que lui rendit cet ancien officier fut de
l'amener au marché aux chevaux et de lui
faire vendre son cheval, dont, suivant sa
coutume, il rapporta la bride, qu'il joignit
aux cinq cents autres qu'il avait dans sa
chambre : c'était un monument de sa continuelle obligeance envers le Rouergue. Ensuite , après avoir donné ses bons avis à
Seveyrac et lui avoir demandé dans quel
quartier il devait aller demeurer, il le plaça
sous la direction du surveillant de son arron-
dissement, car il avait divisé Paris en arron-
dissements et dans chacun établi un surveillant qui, dans les commencements, enseignait

au nouvel arrivé les rues et les usages de la capitale, déniaisait enfin les béjaunes de la province, en même temps qu'il veillait sur sa conduite et sur ses mœurs. A son tour le surveillé, lorsqu'il en était digne, devenait surveillant. A force d'obliger, le chevalier Dièche s'était mis en relation avec tout Paris. Son haut grade lui donnait d'ailleurs accès auprès des grands. Il ne se servait de son crédit que pour ses compatriotes. Quand il ne marchait pas pour eux, c'est qu'il croyait mieux les servir en écrivant. Son appartement était un bureau.

» Je ne passe jamais devant la maison où demeurait ce bon chevalier sans la saluer.

» Depuis le chevalier Dièche nous avons eu l'abbé Marie, sous-précepteur du duc d'Angoulême, aujourd'hui dauphin, qui n'a cessé de solliciter et d'obtenir des places, des emplois, des grades pour ses divers compatriotes qui s'adressaient à lui sans autre recommandation que d'être du Rouergue. C'était vraiment le chevalier Dièche II. Ah ! messieurs les historiographes de la province vous laissez périr ces deux respectables noms (1). »

C'est une erreur. L'abbé Marie, docteur en Sorbonne, successeur de La Caille dans la

_____

(1) *Ephémérides*, pages 30 et 31.

place de censeur royal et dans la chaire de
mathématiques au collège Mazarin, n'a pas
été oublié nous ne dirons pas par les historiographes de la province, mais par ses compatriotes. En effet, son nom a été donné, en
1879, par le Conseil municipal de Rodez, à la
rue où se trouve sa maison natale (maison
Dubreuil).

Mais quel était ce bon chevalier Dièche si
serviable envers ses compatriotes? Probablement le frère d'Etienne-Olivier Dièche, conseiller honoraire du Sénéchal et lieutenant au
bureau de l'élection de Rodez, vers le milieu
du xviiie siècle qui marié à Marianne Julien
en eut deux enfants : Amans-Dalmas Dièche,
théologien, né à Rodez en 1748 ou 1749, mort
dans cette ville, le 12 août 1819, fut en 1809
doyen de la Faculté de théologie de Paris et
plus tard professeur de philosophie au Lycée
de Rodez ; Antonin-Claude Dièche, général
de division, né à Rodez, le 18 juin 1753,
mort en 1810. Le 30 mars 1794 il donna
au général Michaud qui commandait l'armée
du Rhin ses états de service en ces termes :
« Agé de 41 ans, né à Rodez, est entré dans
les gendarmes le 1er janvier 1768 (style esclave); a passé de ce corps dans le 3e régiment d'infanterie ci-devant Piémont ; y est
resté jusqu'au 18 août 1792 (style esclave),
nommé alors chef de bataillon du 27e régi-

ment ; le 4 août 1793, général de brigade et commandant la place de Strasbourg ; le 18 du même mois , général de division (1). » Antoine-Claude Dièche se déshonora pendant la période révolutionnaire par la violence fanatique de ses actes et de sa correspondance. Sa conduite parut si odieuse au Comité de Salut public qu'il fut par lui suspendu de ses fonctions et remplacé par Lajo-lais. A partir de ce moment il disparut de la scène politique.

Aux noms sympathiques du chevalier Dièche et de l'abbé Marie, on pourrait ajouter celui de Mgr Frayssinous, évêque d'Hermopolis , grand maître de l'Université sous Charles X et membre de l'Académie française, qui se faisait toujours un plaisir de protéger ou de patronner ses compatriotes. On sait qu'une fois par an il réunissait dans un banquet les Aveyronnais qu'il connaissait à Paris, et que défense expresse était faite , sous peine d'amende , de parler pendant le dîner autre langue que l'idiome pittoresque du pays.

« Seveyrac revint de Paris, non avec de beaux habits, car il ne les aime guère, non avec les manières d'homme à bonne fortune, car il les déteste, mais avec des maux de nerfs, dont, suivant lui, il n'y avait que la

_____

(1) Voir la *Biographie universelle* de Michaud , au *Supplément*.

vie de laboureur qui pût le guérir. Le voilà
qu'il va à la ferme, prend les sabots, l'aiguil-
lon des garçons de charrue et qu'il montre
au-dessus d'une blouse de grosse toile grise
la jeune tête d'un avocat au parlement de
Paris, coiffée d'un beau chapeau noir gansé à
la Suisse. Il vit en tout comme les garçons
de charrue, même travail, mêmes repas,
même table. Il en fut ce qui devait en être :
au bout de quelques semaines il guérit, c'est-
à-dire qu'il se lassa (1). »

Revenu à Rodez il plaida avec succès au
présidial et avait acquis au parlement une
certaine notoriété lorsque la Révolution
éclata.

« Seveyrac a toujours eu pour ses menus
plaisirs trente-six maladies et peut-être davantage, si je comptais bien. Alors la réputation du médecin Murat qui demeurait à Aubin, était déjà grande.... Seveyrac alla se
faire guérir à Aubin où il se prit d'amitié
pour le docteur, pour le pays. Il y demeura
pendant que la Révolution fut la plus terrible. Il eut l'adresse de se tirer à assez bon
marché de ses mains et d'en être quitte pour
quelques jours de réclusion chez lui, où il fut
gardé à vue et si littéralement à vue par deux
fusiliers, que, dans quelque position qu'il fût

---

(1) *Ephémérides*, pages 31 et 32.

ou qu'il fût obligé d'être, il se trouvait toujours entre deux fusils.

» Ceux qui avez vu ces temps effroyables vous pouvez vous souvenir qu'il fallait que tout le monde chantât. Ceux qui avaient envie, le plus envie de pester et de jurer étaient ceux, et pour cause, qui chantaient le plus fort les hymnes de la montagne. Seveyrac prit son basson, se fit musicien de la garde nationale. Dès ce moment il est patriote, il est en paix (1). »

Seveyrac fut nommé juge, et lors de la suppression des tribunaux de district, il se fit juge-arbitre. S'étant marié à Mlle Rivié, de Saint-Geniez, tante de Mme Alexis Monteil, il se fixa dans cette ville où, exclusivement livré aux travaux du cabinet, il n'eut jamais qu'une pensée : la conciliation de ses nombreux clients.

M. Joachim-Alexis Monteil mourut à Saint-Geniez le 18 juin 1838, à l'âge de quatre-vingt-deux ans.

L'éminent publiciste, M. Jules Duval, qui avait passé ses premières années au sein de la famille de M. Joachim Monteil, lui consacra une notice nécrologique dans la *Revue de l'Aveyron et du Lot*. Après avoir examiné les qualités qui le distinguaient, il termine ainsi :

(1) *Ephémérides*, page 32.

« Que M. Monteil reçoive donc cet hommage de respect et de regrets que lui adresse,
au nom de ses amis désolés, celui qu'il aima
d'une tendresse toute paternelle, et dont le
bonheur fit, pendant ses vingt dernières années, sa plus constante occupation. Ceux qui
connurent ce vieillard vénérable diront que
la reconnaissance, bien loin d'avoir altéré la
vérité, n'a pu donner qu'une faible esquisse
de tout ce qu'il y avait de noble dans son âme.
Il m'eût été bien facile d'ajouter d'autres traits
à ce tableau ; mais c'est assez de ces lignes.
A celui qui vécut d'une vie publique, il faut
des regrets solennels ; celui dont l'existence
s'écoula dans les vertus privées, préfère le
culte solitaire du souvenir et de la douleur
intime. Il ne manquera pas à M. Monteil. »

IV.

MA MÈRE. Tel est le titre de ce chapitre
des *Éphémérides*.

Marie Mazet, fille de Jean Mazet, marchand à Rodez et de Jeanne Maffettes, épousa
M. Jean-Baptiste Monteil le 6 mai 1754.
M. Pestre, alors curé de la cathédrale, bénit
ce mariage.

Mme Monteil était née à Rodez, maison
Guiral, rue Neuve : elle y mourut le 26 août
1783.

Marie Mazet fut une des plus jolies personnes de la ville. « Je tiens de ma mère,
raconte Alexis Monteil, qu'étant de l'âge de
sept ou huit ans, elle monta sur l'appui de
sa boutique pour voir passer la voiture de
M. de Tourouvre, évêque de Rodez, et qu'elle
lui fit une révérence qui lui plût tant, qu'il
sortit la tête hors de la portière pour lui
dire : Bonjour, petite! (1) »

C'était un prélat plein de finesse et d'es-

(1) *Éphémérides*, page 37.

prit que M. Jean-Armand de La Vove de
Tourouvre. L'anecdote suivante, racontée par
l'abbé Bosc, en est la preuve :

« Un intendant de Montauban étant un
jour à souper chez cet évêque, se donnait
des airs tranchants et peu circonspects d'un
homme constitué en dignité. Monseigneur,
dit-il, à l'évêque, nous irons faire demain
un tour de chasse ensemble? — Je n'aime pas
la chasse, Monsieur. — Vous n'aimez pas la
chasse ; mais quel est donc votre amusement?
aimez-vous le jeu? — Aussi peu que la chasse.
— Vous n'aimez ni la chasse, ni le jeu ; vous
n'aimez pas les femmes ; qu'aimez-vous donc,
Monseigneur? — J'aimerais à vous voir manger cette aile de perdreau que je vais vous
servir (1). »

Avouez qu'il serait difficile de fermer plus
délicatement la bouche à un indiscret.

Après cette courte digression revenons à
Mᵐᵉ Monteil. « Je tiens de feu M. Clédon,
président du tribunal civil, qu'on appelait
ma mère, quoique toute jeunette, la belle
Marie, et qu'un jour que le ruisseau de la
rue avait été subitement grossi par un orage,
le juge mage, en cheveux étalés, en grande
tenue, voyant une jeune personne qui hési-
tait à sauter, prit ma mère sous les deux

_____

(1) Bosc, *Mémoires pour servir à l'Histoire du
Rouergue.*

bras, et la porta de l'autre côté. M. Clédon
qui était alors grand écolier, enviait les pri-
viléges des juges mages. Il me répétait que
Mademoiselle Marie était belle à ravir ce qui
m'a donné lieu de soupçonner qu'il avait été
un peu touché par le cœur (1). »

Absorbée par les soins du ménage Mme Monteil fuyait le grand monde où elle aurait pu
briller par ses grâces et la tournure de sa
conversation. Jamais elle ne faisait ni ne
recevait de visites. « Cependant, dit Monteil,
elle fut forcée d'en recevoir une et d'en faire
une autre. Dans sa vie paisible et uniforme,
ces deux visites ont dû être deux événements.

» Le duc de Brissac, avec ses gardes, ses
pages, sa belle livrée jaune, était moins
grand au milieu de Paris que l'était à Rodez
le gouverneur qu'il plut au roi d'y envoyer
vers le milieu du siècle dernier. Une bonne
villageoise, qui était la servante de la maison, ne sachant pas encore dire que les gens
qui étaient tout près, qu'elle entendait parler, n'y étaient pas, laissa ou plutôt fit entrer à la cuisine ce gouverneur, qui en faisant
une visite à mon père, voulut aussi en faire
une à ma mère. Au milieu du dérangement
des ustensiles et de nombreux petits enfants,
il se trouva à peine une chaise libre pour le
faire asseoir. Mon père, averti au fond de

(1) *Ephémérides*, pages 37 et 38.

son cabinet par le fracas de cette visite,
accourut et vint tirer ma mère du plus grand
embarras où elle eût jamais été. Je tiens cela
de mes frères aînés (1). »

Ecoutons encore Monteil :

« Ce que je vais vous dire, je le tiens de
mon père et de ma tante. La princesse de
Rosbec, depuis longtemps importunée par
des maux de nerfs, eut envie d'essayer de
l'air vif de Rodez. Elle vint loger à l'évêché.
Aussitôt qu'elle fut arrivée, toutes les dames
de la ville, en haute parure, s'empressèrent
d'aller lui faire la cour; mais elle leur fit ou
du moins elles se plaignirent qu'elle leur
avait fait un froid accueil. Ma mère était
bien loin de vouloir se hasarder à en recevoir
un pareil ou un quelconque. Elle se félicitait
de s'être tenue chez elle, lorsqu'un jour la
princesse dit à mon père qu'elle désirerait
bien voir la personne avec laquelle il était
marié. Vainement mon père voulut épargner
cette visite à ma mère: La princesse insista.
De retour à la maison, mon père dit à ma
mère qu'il fallait absolument faire cette visite
le lendemain, qu'elle mit son visage des
dimanches. Appuyée sur le bras de mon père,
elle fut présentée à la princesse, qui la reçut
avec bonté, la fit asseoir auprès d'elle, lui

(1) *Ephémérides*, pages 38 et 39.

offrit du café et lui fit toutes sortes de poli-
tesses. A cause de sa rougeur et de sa timidité, la princesse de Rosbec ne pouvait juger
que des grâces de sa personne ; elle ne pouvait juger des grâces de son esprit, de celles
de sa conversation, toute riche d'expressions
vives et pittoresques (1). »

Mme Monteil ne faisait pas grand cas de la
naissance ; mais elle faisait cas des qualités
et surtout de l'esprit. Son mari avait beau
lui rappeler que d'après les papiers de sa
famille elle tenait, ainsi que ses enfants, aux
Bandinelli, d'Italie, aux d'Alzons, et que
son grand'père maternel, Maffettes, prenait
le titre de haut et puissant seigneur, elle
riait de ces vanités et avait raison d'en rire.
Toutefois elle était pleine de déférence et de
respect pour tous ceux qui se trouvaient
revêtus des insignes de l'autorité.

« Si un épicier, consul de la ville, venait
lui porter son compte d'épicerie, elle le recevait sans beaucoup de façons ; mais si le
lendemain il revenait avec son même habit,
portant la chausse ou chaperon sur l'épaule,
elle le recevait avec la plus grande cérémonie ; elle lui faisait les plus grandes révéren-
ces, détroussait sa robe, comme à l'église,
et le reconduisait jusqu'à la porte de la mai-

(1) *Ephémérides,* page 39.

son. C'est le magistrat de la ville, nous disait-elle (1). »

A la maison M. Monteil régnait, mais il laissait gouverner sa femme et ne s'en trouvait pas plus mal. C'est elle qui à table « compassait, coupait, tranchait et servait tout le monde, d'après son rang, en quantité et sans doute en qualité. Il régnait dans ses répartitions la sévère maxime ni trop, ni trop peu (2). »

L'ordinaire de cette bonne maison bourgeoise était des plus simples, mais des plus substantiels.

« Pendant le cours de l'année, raconte Alexis Monteil, ma mère avait, comme disent les agronomes, un cours de mets dont elle ne se départait guère. Depuis le premier janvier jusqu'à la fin du carnaval, du bœuf bouilli et du petit salé à dîner, de la volaille et presque toujours des dindes de la métairie à souper. Au carême, des œufs, de la morue, des harengs, des haricots secs que plusieurs de mes frères craignaient plus que nos grenadiers craignent les balles; après Pâques, des chevreaux et des agneaux; après la Pentecôte, du veau; après Notre-Dame d'août jusqu'au premier de l'an, du mouton. Mon père aurait désiré manger le rôti cuit à la

(1) *Ephémérides,* page 49.
(2)   Id.   page 40.

broche ; mais notre tournebroche faisait un bruit épouvantable , qui tourmentait les nerfs de ma mère. Et ma mère, comme tous les habitants de la ville, faisait cuire la viande du souper dans une terrine , appelée dans le pays *cassole*, qu'elle envoyait au four public. Ces *cassoles* s'y trouvaient rassemblées par centaines, et elles n'étaient pas toujours si exactement étiquetées ou signalées que lors-qu'on les défournait, il ne s'élevât bien des débats.

» Un jour il s'en éleva de si plaisants que le principal du collège fit à ce sujet une chan-son , intitulée : *La cassole*, qui commence ainsi :

« Un bourgeois, un conseiller,
» Pour faire cuisine,
» Envoient au four leur souper;
» Ce n'est pas lésine (1). »

Mme Monteil ne s'éloignait guère de la mai-son que pour aller avec ses enfants à Grand-Combe au temps des vendanges. Quelle fête ! et comme Alexis Monteil attendait avec im-patience ce jour tant désiré !

« Le mot de mitre , dit-il , s'est lié agréa-blement à ma mémoire , non parce qu'il re-présente le bonnet d'or qui surmonte les têtes épiscopales, mais parce que nos vignerons , dans leur idiome Rouergas, appellent *mitrons*

(1) *Ephémérides*, page 41.

les petits ânes, parés d'un collier de cuir où
pend une jolie sonnette, qui portent le fruit
au marché. Aussitôt que les premiers raisins
étaient mûrs, le bon Pierrotin, notre vigneron, arrivait, au son des nombreuses son-
nettes des *mitrons* chargés de grands paniers
couronnés de pampres frais ou de branches
de cerisier. Il arrivait un samedi ; il venait un
second samedi, et s'en retournait encore seul ;
mais au troisième samedi, il nous amenait
aux vignes. C'était le jour de son triomphe.
Il marchait en tête du convoi colonial, au
milieu duquel était ma mère, qui était par-
venue à monter ce jour-là sur une douce
jument, au moyen d'une haute chaise et du
secours de ses servantes. Elle était entourée
de ses jeunes enfants montés sur des *mitrons*.
Les domestiques, les vendangeurs qu'on amenait suivaient à pied, leur panier au bras.
La marche se terminait pompeusement par un
grand char, traîné par des bœufs, chargé et
surchargé de nos grands et excellents pains
de seigle, de nos grandes et excellentes formes de fromage du Cantal..... »

Cette description ne vaut-elle pas un tableau de maître? Comme tout fait image !
Continuons :

« Pour aller aux vignes ou, comme on dit
à Rodez, au vallon, on parcourt une immense
plaine calcaire nue, stérile, où l'on ne voit çà

et là que de grandes pierres et de petits pru-
neliers épineux. Les enfants ne cessent de
s'ennuyer et de demander s'il reste encore
beaucoup de chemin à faire. Enfin , tout-à-
coup s'ouvrent les vallons, dont les côteaux
sont peints de vignes et d'arbres fruitiers.
Les terrasses multipliées qui soutiennent les
terres offrent des compartiments à feuilles
vertes, à feuilles rouges. Les compartiments
où les feuilles sont tombées sont noirs de raisins. Les enfants mettent pied à terre. Ils
crient, ils trépignent, ils battent des mains,
ils embrassent les vignerons. Leurs jeunes
camarades de Paris seraient peut-être surpris
de cette si vive allégresse. Mais ils ne savent
pas qu'en comparaison de nos raisins du
Rouergue, leurs raisins de Ville-Juif, de Vau-
girard, de Puteaux sont des verjus rougeâ-
tres dont les épiciers ont, pour ainsi dire,
enlevé tout le sucre. On arrive à la maison ,
on court à la vigne, on soupe : les vendangeurs vont se coucher dans un grenier rem-
pli de paille fraîche. Le lendemain, l'horloge
du vigneron, le coq, fait entendre sa bruyante
voix avant le jour. Le vigneron , d'une voix
encore plus bruyante , réveille les vendangeurs , dont l'appétit se trouve tout réveillé.
Ils descendent à la cuisine où le potage est
dressé. On leur sert ensuite un bouilli de bre-
bis ou de chèvre. Ils vont manger le dessert

à la vigne : l'aurore dore les côteaux, les
vendanges commencent. »

Est-il possible de mieux dire , de mieux
peindre ! Poursuivons :

« Au milieu du jour, on porte le repas aux
vendangeurs ; ils ne rentrent à la maison que
le soir ; mais aux vignes les journées sont toujours courtes. Le raisin , dont le jus fermente
pour la première fois, établit au fond de l'estomac une cuve , dont les vapeurs enivrent le
cœur. La joie circule dans toutes les veines.
Elle s'exhale par de fréquents rires , exci-
tés par des propos libres , qui passent tous
sans scandale au milieu des pampres. Elle
s'exhale surtout par les chants dont les vallons retentissent jusqu'à la fin du jour.

» Les voiles d'or du soleil couchant ont disparu sous la noire chevelure de la nuit. Les
vendangeurs , en continuant à chanter, reviennent à la maison, portant leur panier plein
de raisins jusqu'au coude. La lampe allumée
est suspendue au milieu de la table : le souper
les attend. On leur sert d'abord un grand
bassin d'un ragoût qu'ils mangent aussi dans
des écuelles. Ce ragoût qu'on ne trouve ni
dans le cuisinier républicain , ni dans le cuisinier impérial, ni dans le cuisinier royal , ni
même dans le cuisinier bourgeois, est composé de foie, de mou et d'autres basses vian-

des. Il est fortement épicé et porte le nom
singulier de *fontinpeire*. Toutes les fois qu'en
classe j'entendais parler du brouet de Lycur-
gue, de la sauce noire des Lacédémoniens, il
me semblait que ce devait être le *fontinpeire*
de nos vendangeurs. Il faut que ce ragoût
porte au mouvement, car aussitôt que ces
bonnes gens en avaient l'estomac plein, ils
rangeaient tout aussitôt la table et les bancs,
et malgré la fatigue du jour, se mettaient à
danser pendant plusieurs heures au son des
chansons (1). »

Quelquefois le frère aîné d'Alexis Monteil,
coiffé de son chapeau bordé se faisait porter
son violon et jouait avec beaucoup d'entrain et
de complaisance les airs qu'on lui demandait.

Mme Monteil assistait à ces danses tout en
modérant, sans doute, d'un regard vigilant
l'élan des danseurs. Son mari ne dédaignait
pas de prendre part à ces jeux, ce qui était un
très grand honneur pour les vendangeurs.

« Le domaine des vignes de l'Hôpital était
tout voisin. Je me souviens qu'un abbé Rebois,
réfugié à l'hospice, comme ecclésiastique,
comme pauvre et comme fou, venait assez souvent danser avec nos vendangeurs. Il dansait
tout d'une pièce, on aurait dit de Siméon le
Stylite. Mais aussitôt qu'il avait mis les bras
en croix et crié : place ! il faisait des cabrio-

---

(2) *Ephémérides*, page 40.

les en X, avec le mouvement rapide d'un
dévidoir. Ni aux boulevards, ni nulle part, je
n'ai vu d'homme aussi leste. Lorsque ma mère
paraissait, il était d'une gravité remarquable,
et il l'entretenait avec beaucoup de sens et
d'esprit.... Ce pauvre abbé, déjà un peu âgé,
nous intéressait, et quant à moi je ne le trouvais pas fou par la tête, je ne le trouvais fou
que par les pieds (1). »

Mᵐᵉ Monteil passait un mois à Grand-
Combe. Elle avait parmi ses voisines deux
excellentes amies, la Foreste et la Delaurate,
ce qui revient à l'expression française de la
femme Forest, de la femme Delaure. La Delaurate était sa meilleure amie. « Lorsque
ma mère allait la voir, je ne manquais pas
de la suivre. Elles ne s'embrassaient peut-
être pas, mais leur entretien était le plus
amical et le plus intime que l'on puisse ima-
giner. Je me reprends, ma mère avait l'esprit trop bien fait pour ne pas embrasser
cette paysanne si bonne, si spirituelle, dont
l'amitié pour elle allait jusqu'à l'enthou-
siasme. Aussitôt que nous arrivions, la Delaurate, suivant l'usage de la campagne,
couvrait la table d'une petite nappe blanche,
sur laquelle elle mettait un plat d'échaudés à
trois cornes, faits de simple farine, de sel et
d'eau; un petit fromage marbré de ses chè-

_____

(1) *Ephémérides,* page 44.

vres, et un grand et magnifique plat de raisins muscats. Lorsque j'avais mon petit estomac content, je montais au grenier, dont
les planchers étaient chargés de grands tas
des plus beaux fruits. Il y avait aussi des tas
de légumes secs, de haricots de couleur.
Avec les haricots bleus, je faisais des processions de pénitents bleus; avec les haricots
blancs, je faisais des processions de pénitents
blancs; de mes processions, je faisais ensuite
des régiments d'infanterie et de cavalerie.
Alternativement je chantais les vêpres ou
avec la voix je battais le tambour (1). »

Après les travaux de la vendange Mme Monteil se plaisait à se promener seule et pen-
sive dans le bosquet ou les prairies qui étaient
près de la maison. « Jamais elle n'appelait
aucun de ses enfants pour l'accompagner :
elle les laissait à leurs jeux ou à leurs goûts.
Quelquefois j'allais la joindre, et au tressail-
lement de sa main, je voyais le plaisir que je
lui faisais...... Un jour mon père la trouva
debout, appuyée sur son coude : ma chère
femme, lui dit-il, à quoi pensez-vous donc
là? Je pense à l'éternité, lui répondit-elle.
Véritablement l'espace des temps, l'espace
des lieux qui ne peuvent avoir ni commencement, ni fin, ni limites ne pouvait qu'épou-
vanter la tête de ma mère qui se penchait sur

_____

(1) *Ephémérides,* pages 45 et 46.

ces abîmes. On aurait pu appeler ma mère : la mère *La Pensée*, comme les soldats de Catinat l'appelaient le père *La Pensée* (1). »

Alexis Monteil a toujours gardé le meilleur souvenir de ces riantes campagnes :

« Beaux vallons, s'écrie-t-il dans sa *Description du département de l'Aveyron*, vous seriez bien plus dignes d'être chantés que ceux de Tempé qui n'étaient qu'une vaste fondrière ombragée de pins ; mais vos bosquets, vos prairies, votre abondance, vos plaines peuvent également se passer des exagérations de la renommée et des fictions des poètes. »

Que vous êtes heureux, écrivait-il de Passy le 27 septembre 1824 à un de ses amis, « que vous êtes heureux d'être dans ce beau vallon de Grand-Combe, de manger du raisin noir, noir et mûr. Divertissez-vous bien dans un lieu où je me suis bien diverti. J'en connaissais autrefois tous les arbres, tous les buissons, toutes les pierres. Le long du ruisseau ou du torrent il y a tel arbre, qui me tient encore au cœur (2)..... »

Mᵐᵉ Monteil avait le sentiment religieux très développé, mais son discernement la préservait de toute exagération. « Elle prenait assez rondement sur sa conscience les

_____

(1) *Ephémérides*, pages 44, 45.
(2) Lettre inédite.

fortes collations que faisaient mes frères,
âgés de vingt-un ans. Il faut nourrir le corps,
disait-elle, et faire jeûner les passions de
l'âme.

» Je crois qu'elle n'aimait ni les longs ser-
mons ni les longs offices (1). »

Elle était très charitable. En hiver elle
faisait souvent entrer les pauvres dans sa
cuisine, leur donnait du pain et du vin, les
réchauffait auprès d'un bon feu pétillant
quelle alimentait sans cesse tout en les ques-
tionnant sur leur village, leurs parents, leurs
infortunes.

« Ma mère mourut six ans avant la Révo-
tion, dit Alexis Monteil; si elle eût vécu,
elle eût salué ses premiers rayons, qui furent
d'abord si purs. Sans doute elle eût, dans la
suite, détourné la tête; mais elle eût prévenu
les malheurs de mon père, ou du moins elle
les eût diminués. Jamais elle ne lui avait été
aussi nécessaire que lorsque nous la perdî-
mes. Il y avait dans notre maison, deux
mains : une y faisait entrer l'argent, l'autre
l'empêchait d'en sortir. Celle-ci tomba en
poussière ! (2) »

(1) *Ephémérides*, page 47.
(2)   Id.   page 49.

V.

N lisant les *Ephémérides* on sent que le *moi* était aussi haïssable à Alexis Monteil qu'à Pascal. S'il en parle, c'est pour s'en moquer avec cette bonhomie qui le caractérise. « J'aime assez volontiers, dit-il, à me moquer du moi d'alors qui se serait encore plus volontiers moqué du moi d'aujourd'hui (1). »

Aussi dans le chapitre qu'il s'y est spécialement consacré, ne nous entretient-il que des années qu'il a passées au sein de sa famille. L'homme nous échappe. Mais nous le trouverons ailleurs quand à l'aide de documents nous essaierons de tracer la biographie de notre cher historien. Pour le moment contentons-nous de ce qu'il veut bien nous apprendre dans le livre que nous analysons.

« Je suis né le cinq ou le six juin; j'ai été baptisé le six ou le sept juin 1769. Mes noms

(1) *Ephémérides*, page 58.

de baptême sont Amans-Alexis. Mon parrain fut mon frère Joachim-Alexis (1).

» On m'a dit que j'étais né fort maigre, mais avec un fort bon appétit; le lait de ma mère et de ses amies ne me suffisant pas on m'envoya à la ferme où l'on me pendit à la mamelle d'une vache. En peu de temps, je devins gras (2). »

Après ce préambule digne de Rabelais, il nous rappelle les premières impressions de son enfance.

« Je me souviens des faits qui se sont passés avant que j'eusse quatre ans ; entre autres de la mort de Louis XV, du cénotaphe qui lui fut dressé à l'église des Jacobins. Je vois encore sa structure pyramidale chargée de hauts cierges, drapée de toile noire, ornée de fleurs de lis en papier doré. J'entends encore le bon frère Pierre qui en était l'architecte, s'applaudir après y avoir mis la dernière main, dire, se dire au milieu des bons voisins qui l'assistaient : Ce n'est pas trop mal ! ce n'est pas trop mal ! »

___

(1) Amans-Alexis Monteil naquit à Rodez le 7 juin 1769 et fut baptisé le même jour par M. Serres, curé de la Cathédrale. Son frère et son parrain Joachim-Alexis était alors élève de rhétorique au collège de Rodez. (Voir la biographie de Monteil par M. Affre : *Lettres sur l'Histoire de Rodez.*)

(2) *Ephémérides,* page 50.

On sait que le couvent des Jacobins occupait l'emplacement et une partie des bâtiments de la caserne Sainte-Catherine.

« Je me souviens, ajoute Monteil, des premières années de la guerre de l'indépendance de l'Amérique anglaise. Le nom du comte d'Estaing était dans toutes les bouches et dans toutes les tavernes ; il sortait, pour ainsi dire, de tous les verres........(1) »

Sans doute il devait en être de même de celui du marquis de Montcalm. Issu d'une vieille famille du Rouergue ce vaillant général se couvrit de gloire près de Québec où après avoir résisté héroïquement avec une poignée de soldats et de Canadiens mal armés contre 40,000 Anglais, commandés par le général Wolfe qui fut tué sur le champ de bataille, il tomba, à son tour, frappé mortellement.

« Combien de temps ai-je à vivre ? » demanda-t-il au chirurgien qui sondait sa blessure. — « Quelques heures seulement, mon général. » — « Oh ! tant mieux, je ne verrai pas les Anglais à Québec ! » Il expira à 47 ans, le 14 septembre 1759 au matin. Un trou de bombe lui servit de tombeau. Quatre jours après Québec tomba au pouvoir des Anglais.

Le marquis de Montcalm avait été nommé en 1757 commandeur honoraire de l'Ordre de

(1) *Ephémérides*, page 50·

Saint-Louis et lieutenant-général des armée du roi en 1758 (1).

L'amiral d'Estaing eut une fin plus tragique. Traduit comme suspect devant le tribunal révolutionnaire et condamné à mort, il regarda froidement ses juges et leur dit : « Quand vous aurez fait tomber ma tête, envoyez-la aux Anglais, ils vous la paieront cher. » Il monta sur l'échafaud le 28 avril 1794, à l'âge de soixante-cinq ans. En lui s'éteignit cette illustre famille de notre vieux Rouergue d'où étaient sortis le chevalier d'Estaing, surnommé *Le Preux*, qui à la bataille de Bouvines sauva la vie à Philippe-Auguste ; le fameux cardinal Pierre d'Estaing et François

---

(1) « Ma consolation est d'avoir été vaincu par un ennemi aussi brave. » Telles furent ses dernières paroles. L'Angleterre a retenu cet hommage d'un héros mourant et, en 1827, elle a fait élever à Québec, dans un jardin public qui domine toute la rade, un obélisque de pierre où on lit ces deux noms en bronze : *Wolfe — Montcalm* et cette inscription en latin due à J. Carleton Fischer :

« Ils doivent à leur valeur le même trépas
» A l'Histoire la même renommée
» Et à la postérité le même monument. »

(Voir *Montcalm et le Canada Français*, essai historique de M. Charles de Bonnechose, couronné par l'Académie française (Prix Montyon) 3e édition, avec un portrait et deux cartes. — Paris, Hachette et Cᵉ, 1878).

d'Estaing, évêque de Rodez, que la légende
entoure d'une sainte auréole.

Alexis Monteil fut d'abord envoyé chez
Mme Benoît pour apprendre à lire. Cette maîtresse d'école que le futur garde des sceaux
Champion de Cicé, alors évêque de Rodez,
avait fait venir de Paris dans le but de changer l'accent de sa ville épiscopale (1), importa
à Rodez un genre de législation pénale assez
original. « Sa manière la plus terrible de punir était de faire porter aux petits garçons,
pendant une demi-heure ou une heure, suivant la gravité de la faute, la coiffe d'une
petite fille; aux petites filles le béguin à plumet d'un petit garçon (2). »

C'est probablement à cette époque de l'enfance de Monteil que remonte l'historiette
suivante : « — Petit Amans, que veux-tu être ?
lui demanda un jour son père. — Evêque. —
Oh ! nous ne sommes pas d'assez bonne maison pour cela. — Eh bien, il n'y a qu'à en
faire bâtir une autre (3). »

Citons encore une de ses réponses d'enfant. Il avait alors quatre ou cinq ans et était
atteint de la petite vérole. « Ma sœur me

_____

(1) Voir l'*Histoire des Français des divers
états* au chapitre intitulé : *La décade de Madame
Benoît*, T. 5, page 449.
(2) *Ephémérides*, page 50.
(3)   Id.   page 33.

répétait souvent que la bonne qui me gardait m'ayant dit : — Petit Amans, si vous continuez ainsi à gratter vos boutons vous serez tout gravé, tout vilain, et les demoiselles ne voudront pas vous regarder, je lui avais répondu : Attachez-moi ! attachez-moi (1) ! »

Le père de Monteil, alors trésorier du Chapitre de Notre-Dame de Rodez, habitait avec sa famille l'Hôtel-de-Ville actuel où se trouvaient les magasins, les greniers, la salle capitulaire, le logement des officiers laïques. C'était une vieille maison en grès rougeâtre, percée de longues et étroites croisées vitrées en verre peint. Lorsque les rayons du soleil diversement coloriés, en passant par ces vitres enchâssées dans des réseaux de plomb, teignaient successivement la petite chambre et la couchette d'Alexis Monteil, ce spectacle le réjouissait : il lui semblait voir les couleurs variées et tendres de l'arc-en-ciel.

Deux personnages qui habitaient aussi la maison capitulaire se représentaient souvent à sa mémoire : M. Bonald et M. l'abbé Causse.

M. Bonald était le grainetier du Chapitre. C'est lui qui, à la boulangerie, la veille de chaque grande fête faisait les *auberts* ou pains à trois cornes, comme on les faisait au temps du bon roi Dagobert. « Quand nous le voyions

---

(1) *Ephémérides,* page 33.

passer avec son habit de drap blanc, sa per-
ruque blanche, nous ne manquions pas de lui
dire : Monsieur Bonald ! Monsieur Bonald !
quand ferez-vous les *auberts*, et lui de nous
répondre, d'un air bon et riant : dans un
mois, dans deux semaines, à la fin de la semaine : et nous de chanter, de danser. Mon
père avait, à la distribution, part de cha-
noine (1). »

L'abbé Causse était le pointeur ou teneur
de la feuille de pointe aux offices et chargé
des distributions manuelles. Ah ! il ne plai-
santait pas ! « Les vicaires, les hebdomadiers,
les chapelains, les habitués avaient beau
vouloir s'excuser, quand ils étaient arrivés
à moitié ou à la fin de l'office, le grand et sec
Monsieur Causse, aussi impassible que la justice, leur répondait : Ta ! ta ! ta ! ta ! je ne
veux pas, pour votre beau nez, m'exposer, la
nuit, à me faire étrangler par ces bons fonda-
teurs des obits qui nous nourrissent depuis
tant de siècles. Les chanoines absents avaient
envoyé le matin leur domestique dire rondement à Monsieur Causse : Monsieur n'a pu
venir à matines, il est indisposé. Les matines se disaient autrefois à minuit ; de mon
temps on les disait à cinq heures et de mon
temps aussi on les dit ensuite à sept heures,
au grand murmure du peuple, qui voulait

(1) *Ephémérides*, page 53.

que surtout en hiver les chanoines se levas-
sent avant lui (1). »

La grand'mère d'Alexis Monteil allait
quelquefois l'attendre au sortir de l'école de
la *Parisienne* comme on disait alors à Rodez
et l'ap¡elait petit *Franciman* tout enchantée
du bon accent qu'il prenait.

C'était une Maffettes et son père se préten-
dait du sang d'Arpajon. Il avait beaucoup
connu sans doute le marquis Louis d'Arpajon,
né en 1590 à Sévérac-le-Château, où il mourut en 1679 après avoir été lieutenant-général, gouverneur de Lorraine, Grand'Croix
héréditaire de Malte, ambassadeur extraordi-
naire en Pologne, duc et pair.

Louis d'Arpajon contribua puissamment à
la défense du Piémont et du Montferrat et se
signala par le secours de 2.000 hommes qu'il
avait levés et armés à ses frais pour la défense de Malte menacée par les Turcs. Il
espérait obtenir le bâton de maréchal de
France ; Mazarin le lui avait même promis
pour le récompenser des services éminents
qu'il avait rendus à l'Etat, mais Gassion fut
nommé à sa place, voilà pourquoi *il pestait
tant contre celui-ci*, dit Saint-Simon dans ses
Mémoires.

Pendant ses dernières années on le voyait
rarement à la Cour ; il habitait son château

(1) *Ephémérides*, pages 53 , 54.

de Sévérac qu'il avait fait entièrement rebâ-
tir et c'est, peut-être, à cause de cela qu'on
l'appelait à Versailles le *duc des Bruyères*.

Comme tous les grands seigneurs il aimait
les arts ět protégeait les hommes de lettres.
Il pensionna le poète-menuisier de Nevers
Maître Adam Billaut et Cyrano de Bergerac
connu par ses duels et sa *burlesque audace* (1).

Louis d'Arpajon se maria trois fois. Sa première femme fut Gloriande de Lauzières,
fille de Pons de Lauzières de Thémines-
Cardaillac, maréchal de France, qu'il fit
tuer dans la forêt des Palanges, selon une
tradition, pour la punir de son infidélité (2).

Quand le duc d'Arpajon épousa à l'âge de
69 ans sa troisième femme la jeune et belle
d'Harcourt de Beuvron, voici comment Loret
annonça ce mariage dans sa *Gazette rimée :*

Monsieur d'Arpajon, pair de France,
Jeudy dernier, fit alliance,
Mais alliance pour tout de bon,
Avec l'admirable Beuvron,
Que l'on sçait estre demoiselle
De riche taille, blanche et belle,
Et laquelle, outre les beautez
A tant d'aimables qualitez

(1) De Gaujal, *Etudes historiques sur le Rouergue*, T. IV
(2) H. de Barrau, *Documens historiques et gé-
néalogiques*, etc.

Qu'on la revere et qu'on l'admire ;
Et son heureux mary peut dire,
Possedant un objet si beau
Qu'il possede un rare joyau.
Comme je suis de Normandie,
Certes mon âme est ebaubie
De ce qu'un trezor si charmant
Soit né dans le climat normand.

(LORET, *Muse du 26 avril 1659*).

« Ma grand'mère, raconte Monteil, fut élevée au château de Fayet. Elle se souvenait que lorsqu'elle était enfant, la duchesse d'Arpajon la prenait souvent sur ses genoux, qu'elle la soignait lorsqu'elle était malade, et qu'un jour elle voulait lui donner la belle écuelle où elle mangeait, pour qu'elle se laissât saigner. En lisant les lettres de Madame de Sévigné, je me suis souvent rappelé ce que ma grand'mère nous rapportait de l'ordre, de l'apparat et du service des grands châteaux de ce temps.

» Hiver et été elle portait une grande robe de flanelle rouge avec des fleurs noires, des mules, une steinkerque.

» Elle avait souvent dans la bouche des proverbes qui se sont perdus, qui avaient leur origine dans les temps de l'occupation de la province par les Anglais dont elle était plus près d'un siècle : *Ce n'est pas Marmande. Je te donnerai le Poitou et la Xaintonge* (1). »

(1) *Ephémérides*, page 52.

Ces proverbes qui ornaient les conversa-
tions et rappelaient des faits historiques sont
aujourd'hui à peu près inconnus. Il en est de
même des ballades, des romances que l'on
chantait jadis. Pourtant il y en avait de bien
charmantes. Toutes n'étaient pas irréprocha-
bles sous le rapport de la rime ni de la
forme, mais quelle grâce naïve, quelle poësie
dans le sentiment qu'elles exprimaient et
comme leur chant se prêtait admirablement
aux lentes et tendres modulations de la voix
tremblante de nos aïeules !

« Ma grand'mère était notre refuge, quand
nous avions commis quelque faute, dit Monteil....

» Quelquefois cependant elle nous punis-
sait, mais c'était à l'imitation de l'Etre tout
puissant, tout bon, qui si souvent se contente
de frapper à côté. Mes enfants, nous disait-
elle, quand elle nous entendait trop longtemps jouer sur le pallier de l'escalier, allez
étudier vos leçons ! Si nous continuions, elle
revenait, tenant un grand balai de genêt,
dont elle frappait à grands coups le poteau
de la rampe, surmontée d'une boule, sur laquelle, pour être plus à notre aise, nous po-
sions notre chapeau. Encore ! encore ! petit
garnement, criait-elle. Nos éclats de rire l'a-.

vertissaient qu'elle pouvait cesser sa volon-
taire méprise (1). »

Elle vécut près de quatre-vingt dix ans.
« Ma mère l'avait précédée dans le chemin
de l'autre monde et ses derniers moments furent livrés à des mercenaires ou à des petits
enfants sans expérience qui lui faisaient cette
cruelle et cependant si ordinaire question :
Qui suis-je ? qui suis-je ? Elle ne répondait
rien. Mais à mon tour m'étant approché, elle
me répondit d'un ton irrité, qui est encore
dans mon oreille, car il y entra bien profon-
dément, Verdeille ! Je baissai la tête ; je sen-
tis ma faute ; depuis j'ai tâché de l'expier en
perpétuant, autant qu'il m'est possible, le
nom de ce vieux mendiant, autrefois si connu
à Rodez (2)...... »

Lorsque Monteil eut appris à lire chez Mme
Benoît un jeune vicaire de chœur de la cathédrale qui restait dans le voisinage se
chargea de son instruction, mais peu satisfait
de ses progrès son père lui donna un précepteur et l'envoya apprendre à écrire à l'école
chrétienne où deux fois par jour le domestique
le conduisait.

« Bien que je fusse le plus âne, dit-il, je
fus mis à la grande classe et assis à une place

_____

(1) *Ephémérides*, pages 51 et 52.
(2) Histoire des Français des divers états, *La
décade de Verdeille*. T. 5. — *Ephémérides*, p. 51.

séparée à côté du Frère. Je ne suivais pas
les exercices des autres écoliers ; je ne faisais
qu'écrire. Il fallait six ans pour le cours d'é-
criture. Mon précepteur, impatienté de me
voir toujours aux grosses lettres d'un pouce
de long, m'enseigna en quelques semaines sa
petite cursive de théologien, avec laquelle je
pus enfin griffonner des thèmes et des ver-
sions.

» A ce précepteur en succéda un autre qui
enseignait avec la méthode de la férule et du
fouet. Je me révoltai. Mal m'en prit. Je montrai à ma mère les meurtrissures dont j'étais
couvert : le précepteur fut congédié.

» Il en vint un autre qui, dans la doublure
de son habit, portait aussi sa méthode ; un
jour, il me menaça et me renvoya pour une
légère faute. Mon grand frère Séveyrac, qui
était présent, menaça de le jeter par la fenêtre, ce qui épouvanta si fort le jeune abbé,
que tout aussitôt il passa la porte, et plus je
ne le vis.

» J'eus ensuite un grenadier, nouvellement
tonsuré, qui, avec deux épées de bois, m'enseigna à faire des armes.

» Enfin, vint l'abbé Durand, le plus doux,
le meilleur des hommes. J'ai rappelé sa mémoire au chapitre du XVIIIe siècle, qui a
pour titre : *Mort du jeune vicaire Boni* (1). »

---

(1) *Ephémérides*, pages 54 et 55.

A neuf ans Monteil fut mis au collège royal
de Rodez et y montra encore peu de dispositions pour l'étude. Il était généralement, paraît-il, un des derniers en thème et le dernier
en amplification française ce qui annonçait
en lui une certaine aversion pour les lieux
communs et les fleurs de rhétorique.

Alors « l'uniforme du pensionnat était un
habit bleu, collet rouge, chapeau à ganse
d'or. Pour nos quatre cents francs nous étions
fort bien nourris, mais on croyait ne pas
l'être ; on savait que l'économe était un normand de Falaise. On ne cessait de murmurer
et de se plaindre (1). »

Si l'on se plaignait de l'économe on protes-
tait contre les brutalités du correcteur. A
cette époque on croyait encore dans les écoles
que les corrections au fouet ou à la férule
étaient indispensables pour inspirer aux jeunes écoliers le respect de l'autorité. On ne savait comment faire pour frapper aussi l'imagination des élèves.

» Avant 1789 je me souviens d'avoir ouï
dire qu'au séminaire de La Guiole il y avait
des chambres peintes de personnages diaboli-
ques, infernaux, de monstres où l'on enfer-
mait les jeunes écoliers qu'on voulait corriger.
Il me revient dans l'instant à la mémoire

(1) *Ephémérides*, page 57.

qu'entre autres, il y avait des bœufs à longues cornes et à longue langue écarlate.

» Je me souviens encore plus distincte-
ment qu'à Rodez, le porte-croix de St-Amans,
nommé M. Laviale dont ma mémoire me re-
représente la vieille figure sillonnée de quatre-vingts ou peut-être même de quatre-
vingt-quinze ans, je me souviens, dis-je,
que ce bon porte-croix était maître d'école
enseignant toujours le Despautère et que pour
imprimer le mouvement d'obéissance à ses
écoliers il appelait à la fin du repas les
chiens, les chats, les poules en leur jetant
quelque chose à manger et que tout à coup
au milieu du banquet il frappait de son gros
poing fortement la table en criant : en enfer ! aussitôt quadrupèdes et volatiles se pré-
cipitaient par une trappe ouverte au milieu
du plancher à la grande admiration non pas
des écoliers qui avaient vu plusieurs fois l'enfer ouvert, mais des parents ou autres que
M. Laviale avait invités (1). »

Monteil avait seize ans et faisait sa logique
au collège de Rodez lorsque, désireux de voir

---

(1) Notes manuscrites de Monteil intercalées,
croyons-nous, dans un exemplaire de sa *Description du département de l'Aveiron* en vue d'une
seconde édition de cet ouvrage. — Bibliothèque de
la *Société des Lettres, Sciences et Arts de l'Aveyron.*

la capitale et sachant que son père ne se déciderait pas à l'y envoyer, il s'engagea dans un régiment d'infanterie dont la garnison était par delà Paris.

Informé par son ami M. de Cabrières, conseiller du roi, lieutenant au présidial de Rodez, subdélégué de l'Intendant qui malgré les menaces d'être dénoncé au ministre refusa de signer l'engagement, le père de Monteil retira son fils du collège au moment où celui-ci se disposait à partir.

Ramené à la maison paternelle on lui fit quelques remontrances et ayant manifesté l'intention formelle de ne plus rentrer au collège on l'abandonna à lui-même, persuadé d'ailleurs qu'il n'abuserait pas de sa liberté.

En effet, Monteil qui jusque là avait montré de la répugnance pour l'étude y consacra presque tout son temps. Il est vrai qu'il travaillait sans nulle contrainte et que la petite cloche du collège que les écoliers appelaient irrévérencieusement le *porte-cul* parce qu'elle était pour ainsi dire l'avant-courrière du terrible correcteur, ne venait plus le troubler, ni l'effrayer de ses tintements grêles et précipités.

Alexis Monteil lut toute la bibliothèque de son père. « Je lus ensuite, écrit-il, celle d'un vicaire général. Il y avait Buffon. Je l'expé-

diai aussi lestement que les autres. C'est le
seul dont il ne me soit rien resté (1). »

L'esprit nourri de saines lectures il résolut
de former sa main, car à peine savait-il écrire
lisiblement une page suivie. Le directeur des
écoles chrétiennes lui ayant offert de lui
donner des leçons particulières d'écriture il
accepta cette proposition avec empressement
et reconnaissance. « La première fois que
j'entrai dans sa classe pour prendre la clé du
salon où je devais écrire, raconte-t-il, j'étais
poudré à blanc. J'avais un habit de couleur de
rose avec des boutons d'acier étincelant. Je
me présentai la tête haute comme un ancien
philosophe du collège royal. Toute la classe
fut éblouie et se leva spontanément. Le maître de danse du pensionnat m'avait appris
les belles salutations ; dans cette occasion je
m'en fis honneur. Ma mémoire me retrace
toujours gaiement cette petite scène (2)......»

Ici s'arrête cette autobiographie et c'est
vraiment dommage. Mais que voulez-vous ?
Il répugnait, peut-être, à Monteil de nous
entretenir de ses déceptions, de ses douleurs
et de ses misères ; il a mieux aimé laisser,
après ces pages où se reflètent les douces

---

(1) *Ephémérides,* page 57.
(2)   Id.   page 58.

émotions de son enfance, de nombreuses pages blanches plutôt que de les remplir de ses plaintes et de ses larmes.

VI.

Nous voici en présence du frère aîné d'Alexis Monteil, Jean-Baptiste-Jacques, né à Rodez, le 4 mars 1755. Certes, ce n'est pas lui qui aurait vendu ses droits d'aînesse pour un plat de lentilles. Non, il y tenait trop, aussi gare à celui qui les lui contestait ! « Mais à mesure que son poing n'était plus l'aîné des poings de ses frères, et que les années nivelaient les forces, ses droits se perdaient ; ce n'est pas qu'il cessât de commander ; mais on cessait d'obéir ; les plus jeunes se dressaient sur les pieds et lui riaient au nez (1). »

Continuellement il tirait gloire des avantages de son âge. « Moi, disait-il, j'ai vu les jésuites ; ils étaient habillés comme les frères des écoles chrétiennes. Aucun de vous n'a jamais vu les jésuites ; aucun de vous n'a jamais vu le maréchal de Richelieu qui arriva ici au milieu des flambeaux : vous êtes des gamins (2). »

(1) *Ephémérides*, pages 58.
(2)   Id.   page 58.

Ainsi parlait l'*aîné*. Mais tout cela n'était
rien ; il fallait l'entendre se vanter de ses
prouesses, quand il revenait de Toulouse où
il faisait son droit. Regardez-moi bien !
« J'étais du nombre des six mille étudiants
qui ont assiégé le Capitole. Les capitouls et
les soldats du guet ont trouvé qui leur a tenu
tête. On fit feu sur nous ; il y eut quinze personnes tuées ; j'aurais pu très-bien l'être. Ici
vous étiez fort tranquilles (1). »

Oui, oui, Monsieur l'aîné, car nous savions
que vous étiez trop prudent pour risquer
votre vie ! répondaient ou avaient l'air de répondre ses frères.

On peut cependant être brave sans avoir
assiégé le Capitole. « Mon frère, avec deux
autres de ses amis, escalada une nuit les
murs du couvent de Sainte-Catherine et alla
donner une sérénade à une jolie pension-
naire. L'orchestre, perché sur un prunier, fit
sans doute du bruit pour dix, car les religieuses, qui s'étaient toutes armées au nombre de trente ou quarante, n'osèrent jamais
sortir dans le jardin pour interrompre la
symphonie qui, malgré les cris et les menaces, alla victorieusement jusqu'à la fin (2). »

Voilà un exploit dont pouvait s'enorgueil-
lir à bon droit Monsieur l'aîné. Dame! qui

(I) *Ephémérides*, pages 59.
(2) Id. page 59.

oserait en faire autant aujourd'hui ? Il est
vrai que nos sergents de ville sont plus vigilants et moins tolérants qu'alors. Etaient-ils
amusants, parfois ! Figurez-vous que l'aîné
aimait beaucoup la musique et jouait tour à
tour du violon, de la flûte, de la quinte, du
basson, de la basse et du hautbois. « On sait
que cet instrument est ou très mélodieux ou
très désagréable, rapporte Monteil. Quand
mon frère préludait, il vous semblait entendre la trompette d'un sergent de ville. C'était
à ce point qu'une après-midi un sergent de
ville passant dans la rue et s'arrêtant pour
emboucher sa trompette avant d'annoncer
l'arrivée d'un marchand de marée, crut qu'on
voulait le contrefaire ; dans ce moment mon
frère essayait son hautbois. Ah ! dit le sergent, puisqu'on se moque ainsi de moi, je
garde ma trompette sous le bras, et la ville
se passera de poisson. Les voisins eurent
beaucoup de peine à faire comprendre la vérité à ce brave homme, et mon frère fut
assez heureux pour qu'on ne rit que d'un
des deux musiciens, et que ce ne fût pas de
lui (1). »

Lorsqu'il eut été reçu avocat au Parlement
de Toulouse il se fit inscrire au barreau de
Rodez. Pour ses débuts, « suivant l'usage,

_____

(1) *Ephémérides,* page 60.

un procureur lui donna un procès simple et
imperdable; suivant l'usage, il commença
son plaidoyer par un compliment au barreau
de Rodez, qu'il compara, suivant l'usage, au
barreau de Rome et d'Athènes. Dans son plaidoyer, l'avocat adversaire ne manqua pas
non plus, suivant l'usage, de dire que l'élo-
quence de son nouveau confrère rappelait
celle de Cicéron, de Démosthène, et partant
on demeura respectivement quitte, les compliments compensés. » Quel succès! quelle
fête pour la famille! allons, en voilà un qui
a le pied à l'étrier, il ira loin. Malheureusement, réflexion faite, notre Cicéron,
notre Démosthène ruthénois pendit au croc
et sa robe neuve et son bonnet carré neuf.
Pourquoi cela? C'est bien simple, il crut, nous
dit Alexis Monteil, qu'un état actif et lucra-
tif pourrait le faire déroger à sa noblesse
d'aîné!

Il avait trente ans quand son père pensa à
le marier avec la fille d'un de ses cousins et
amis, riche propriétaire du Cantal. Les premières propositions furent agréées et quelque
temps après le futur beau-père, accompagné
d'un de ses voisins, Monsieur de Monfol, aussi
parent avec M. Monteil, vint à Rodez.
M. l'aîné était absent; mais nos deux auver-
gnats n'étaient pas venus précisément pour
le voir. Ils visitèrent les maisons, la ferme,

les vignes, enfin toutes les propriétés et s'en
revinrent fort contents, paraît-il.

« Dès que mon frère fut de retour on le fit
repartir pour le pays de sa future. On lui
donna un domestique et un bel équipage.
Mon père lui recommanda de laisser le lan-
gage apprêté et fleuri, de s'exprimer claire-
ment et simplement. Moi, qui étais déjà hu-
maniste ou rhétoricien, je lui recommandai
de laisser le recueil de ses poésies, de ne pas
s'en souvenir. Je ne sais s'il lut ou s'il récita
son élégie, dont il nous rompait la tête, qui
commençait ainsi :

« Misérable, en ces lieux où la riche nature
» Etale..... des tapis de verdure; »

Je ne sais si la demoiselle se connaissait en
beaux vers; ce qu'il y a de sûr, c'est que le
mariage ne se fit pas. Un avocat du voisinage, plus large que long, mais fin, spirituel,
que j'ai connu depuis, fut préféré. Il eut la
mère pour lui; mon frère eut bien, pour lui,
le père; mais dans les montagnes du Cantal,
comme ailleurs, la volonté de Chrysale ou de
Géronte ne gouverne pas (1). »

L'affaire était donc manquée, mais comme
il fallait marier monsieur l'aîné, son père qui
avait beaucoup de relations, s'occupa de chercher une autre bru. Il la trouva dans le

(1) *Ephémérides*, page 61.

Gévaudan telle qu'il la désirait, et pour lui et pour son fils. Le mariage fut conclu, arrêté, célébré. Quand l'aîné revint à Rodez il « amena sa jeune épouse dans une litière, entourée d'une nombreuse cavalcade ; un détachement de la garde bourgeoise alla à sa rencontre. De grandes corbeilles remplies de cocardes, de rubans, furent distribuées à qui voulut en prendre. Durant plusieurs jours la maison fut remplie de vins, de gâteaux, de bonne chère, de joie, de danses, de musique. Ces frais de noce furent de sept mille francs (1). »

Pendant la Révolution il se retira avec sa femme dans le Gévaudan. Là, il s'imaginait être à l'abri de l'orage lorsque tout-à-coup Charrié, de Nasbinals, ancien député aux Etats généraux, eut la velléité de faire ce que Charette faisait dans la Vendée. Royaliste ardent il excite les paysans de la Lozère à la révolte. Son intention est de soulever aussi contre la République les départements du Tarn et de l'Aveyron où il a parmi le clergé et la noblesse de nombreux adhérents.

Jacques Monteil qui connaissait beaucoup Charrié et qui bon gré, malgré, craignait d'être fait par lui un de ses généraux en chef alla prudemment « se cacher avec ses poules

(1) *Ephémérides*, page 61.

et ses vaches dans la cave d'une de ses fermes. Les armées des deux partis passèrent et repassèrent assez près de son asile sans le découvrir. Mon frère, toutes les fois qu'il était obligé de se montrer, mettait à son chapeau tantôt la cocarde blanche, tantôt la cocarde tricolore, criait tantôt vive le roi ! tantôt vive la République (1) ! »

Charrié occupa quelques jours Mende, Marvejols et défit en plusieurs rencontres les troupes républicaines

· Il voulait s'emparer de Rodez, mais on s'empara de lui.

Condamné à mort par le tribunal criminel de l'Aveyron, après une longue captivité dans la tour ronde de l'évêché dite tour Corbières, il fut exécuté le lendemain à Rodez.

Jacques Monteil ne put pas toujours rester au fond de sa cave. Il en sortit lentement, le nez au vent. Une fois dehors il s'habitua peu à peu au grand air et devint successivement officier municipal, maire, juge.

Le 18 brumaire le rendit à ses goûts paisibles. Il fit de l'agriculture progressive. « Ce fut lui, dit Alexis Monteil, qui introduisit les pommes de terre jaunes et les pommes de terre noires dans le pays (2). » Mgr Seignelai de Colbert, évêque de Rodez, et

----

(1) *Ephémérides*, page 62.
(2)   Id.   page 62.

l'agronome Despradels les avaient déjà in-
troduites le premier à Rodez, le second à
Millau, quelques années avant la Révolution.

Jean-Baptiste-Jacques mourut le 4 août
1817 à l'âge de 62 ans.

« Mon frère, raconte Monteil, surprit toute
la ville par sa fermeté, sa résignation dans ses
derniers moments, et par les beaux sentiments qu'il grava, pour ainsi dire, sur la
porte de ce monde qui se fermait sur lui.
Il ne fut entouré que de ses amis et de la
nombreuse et amicale famille de sa femme.
Je n'ai pas ouï dire qu'il y eût de costume lugubre de notaire et de prêtre auxquels nous devrions enfin renoncer par amour
pour nous et plus encore pour les autres. Suivant la raison, par conséquent suivant le di-
vin Evangile, c'est la bonne vie qui doit pré-
parer la bonne mort. Lorsque le genre humain
sera plus civilisé, meilleur, l'un n'est que
l'autre, il n'y aura plus autour du lit des mou-
rants des figures tristes, pleureuses. Il n'y
aura plus que l'espérance, qu'on ravivera de
plus en plus. Alors on ôtera de la coupe de la
vie, où Dieu a versé tant de biens, où les
hommes ont versé tant de maux, cette antique lie, ces dernières gouttes si amères qu'y
avaient mises ou la mélancolie, ou la cruauté,
ou l'esprit faux, ou l'avarice (1). »

_____

(1) *Ephémérides,* page 63.

Ces lignes ont été souvent reprochées à
Monteil. Nous ne chercherons pas à le défendre contre des critiques exagérées. Monteil a
pu se tromper ; mais qui ne se trompe pas?
En tout cas, ses œuvres le prouvent, ce n'é-
tait pas un sceptique (1). Il était croyant et

(1) Une preuve convaincante, c'est la lettre suivante qu'il adressa à son ami M. Félix-Hippolyte
de Monseignat, l'éminent jurisconsulte, à la mort
de sa femme, sœur du brave général Béteille :

« Mon cher ami, votre douloureuse voix s'est
fait entendre depuis quelques heures à Passy. J'ai
pris une partie de votre affliction qui malheureusement n'en est pas pour cela plus soulagée.

» Mais cette excellente épouse, cette excellente
mère a-t-elle entièrement quitté ce monde ? Certes je ne puis le croire. Elle vit dans vous, elle
espère dans vos enfants ; elle vous parle encore
pour eux. Et eux par de tendres, de plus tendres
soins vous la rappelleront de plus en plus vivement. Elle qui n'est plus vous a laissé quatre personnes qui prolongeront ses soins féminins surtout une cinquième qui prolongera la sérénité de
vos jours en vous représentant sans cesse celle
qui ne vous a jamais causé que de la joie. C'est
aux embrassements et aux baisers de vos enfants
et de vos petits-enfants à essuyer vos larmes, à
perpétuer toutes les qualités de la moitié dont le
sort vient de vous séparer. Pensez mon ami que
ce sang qui a passé par un si bon cœur coule
encore et ne cesse de couler dans les veines de
votre nombreuse et je n'en doute pas de votre
impérissable postérité.

» D'ailleurs est-ce article de foi ou d'espérance

avait le plus profond respect pour la religion
et ses ministres, seulement il trouvait que
malgré la maxime de Leibniz vulgarisée par
le bon docteur Pangloss, dans *Candide*, roman
philosophique de Voltaire, tout n'est peut-
être pas pour le mieux dans le meilleur des
mondes possibles.

----

qui répugne à la raison que de croire ou d'espérer
qu'on se reverra, qu'on se reconnaîtra : je ne le
pense pas. J'en demande pardon à nos illustres rai-
sons littéraires, moi j'aime à aimer Dieu dans sa
toute puissance, dans sa toute bonté. Qui affirmera
que le cours, que l'aller de notre vie finit au
tombeau prononcera un blasphème d'intelligence.
.. »Mon cher ami, vous avez des devoirs à remplir
envers votre chère épouse. Vous devez vous défendre contre le chagrin et ses dangers. Votre
fils a longtemps encore à se gouverner par vous,
comme vous avez à agir par lui.
.. »Je m'arrête là, car que puis-je faire voir ou faire
connaître à un esprit aussi étendu que le vôtre ?
Qu'a besoin de mes paroles votre raison ? Votre
cœur a besoin de communiquer sa douleur et de
savoir qu'elle se communiquera.
.. »Dans un autre moment peut-être vous conseil-
lerai-je de venir passer quelque temps à Paris,
mais non pas tout de suite, il s'en faut bien, à
votre retour vous retrouveriez votre maison trop
noire.
.. »Je vous recommande votre santé, celle de mon
meilleur ami. *Monteil.* »   (*Lettre inédite.*)

VII.

ONTEIL va maintenant nous faire connaître son fils Alexis, né à Rodez le 1er avril 1804, mort le 21 septembre 1833, à l'âge de vingt-neuf ans. « Il me disait souvent, en riant, qu'il était né républicain. Oui, lui répondais-je, en riant aussi, cela est vrai, mais de bien peu, car l'orfèvre forgeait déjà la couronne de Napoléon qui véritablement fut reconnu empereur quelques semaines après (1). »

Le vrai nom de ce fils si aimé, si regretté, ne figura pas, peut-être, tout d'abord, dans les registres poudreux de l'état civil, mais, à défaut de cette notoriété banale, il reçut la consécration que le devoir et la morale imposent et que donne la reconnaissance ou l'adoption.

Mme Monteil étant morte avec le regret de n'avoir pas été mère, Monteil concentra toute son affection sur le jeune Alexis. Bientôt il le prit avec lui et l'éleva avec une tendre sollicitude.

_____

(1) *Ephémérides*, page 64.

« L'enfance d'Alexis fut courte. Son intelligence et son adresse furent fort avancées.
A l'âge de treize ans, il m'aidait à gagner ma
vie. J'étais bibliothécaire-archiviste-secré-
taire des conseils de l'école militaire. Les registres des séances de l'administration sont,
à cette époque, remplis de sa belle et lisible
écriture.

» C'est seulement vers ce temps que je
commençai systématiquement son éducation.

» Alexis ! lui dis-je, dans une promenade
matinale, trouves-tu les pêches bonnes ? —
Oui ! oui ! — Et les raisins ? — Oui ! oui !
— Eh bien, il existe de toute éternité un Etre
tout puissant, tout bon, qui a donné aux pêches et aux raisins leur jus, leur sucre, et à
la bouche l'organe du goût pour les trouver
bons. Alexis ! la verdure, les fleurs, les eaux
de cette campagne t'enchantent. — Oui ! —
La musique des régiments te réjouit aussi ? —
Oui ! — Eh bien ! Dieu a fait tes yeux pour le
plaisir des formes et des couleurs, et les formes et les couleurs pour les plaisirs de tes
yeux. Il a fait aussi ton oreille pour les plaisir des sons, et les sons pour les plaisirs de
ton oreille. De la connaissance de son organi-
sation, de lui, je passai à la connaissance de
l'univers ; et en même temps que je lui en
montrai toutes les parties faites l'une pour
l'autre, empreintes du doigt de Dieu et de

l'unité de son intention, je le convainquis de sa toute puissance, de sa toute bonté, de sa toute justice. Je lui montrai aussi dans notre conscience du bien et du mal la nécessité d'une autre vie.

» Il ne fut jamais d'homme plus fermement, plus vivement croyant que mon fils. Mon fils avait l'esprit si juste, si net (1)! »

Nature aimante, docile, paisible et soumise il ne pouvait se défendre, même pendant sa jeunesse, d'une timidité qui souvent le faisait rougir.

« Mon cher Alexis, lui dis-je, quand, dans un temps bien antérieur, on annonçait à Saint-Cyr l'arrivée de Louis XVIII, probablement le roi viendra visiter la bibliothèque, et je te presenterai à lui. Viens à côté de moi aussitôt que tu me verras lui parler. D'abord mon fils dit non, ensuite il dit oui; mais il fut tellement ébloui par l'apparition du roi au milieu de sa cour et de sa garde, qu'il s'enfuit comme si la maison brûlait (2). »

Monteil aurait pu obtenir pour son fils une bourse à l'école militaire qui alors se chargeait de l'éducation des enfants depuis douze ou quatorze ans jusqu'à dix-huit ou vingt ans, mais comme Alexis ne pouvait se faire à l'idée de quitter son père, il fallut y renoncer.

---

(1) *Ephémérides*, pages 64, 65.
(2)   Id.   page 65.

L'école de Saint-Cyr ayant été dissoute en
1819 Monteil et son fils se demandèrent où
ils iraient demeurer. Ils habitèrent d'abord
une maisonnette aux environs de Chaillot et
puis Passy. C'est de Passy qu'ils se rendaient souvent à Paris pour aller chercher
sur les quais, dans les arrière-boutiques des
épiciers et jusque dans les galetas des chiffon-
niers de vieux manuscrits qu'ils revendaient
ensuite.

Le jeune Alexis avait le flair de l'anti-
quaire. Que de chartriers monastiques, féo-
daux, municipaux n'a-t-il pas sauvés d'une
barbare destruction ! Si beaucoup de vieux
monastères ont retrouvé leurs antiques cartulaires disséminés par la Révolution, c'est
grâce à lui.

« Il a sauvé les célèbres cartulaires de
Saint-Vincent, de Metz; de Saint-André, de
Saint-Séverin, de Bordeaux ; les plus anciens
cartulaires de France, celui de l'abbaye de
Vendôme ; il a peut-être sauvé plus de cartulaires qu'il y en a au cabinet des manuscrits
de la bibliothèque du roi.

» Il a sauvé des martyrologes, des nécrolo-
ges tant et plus.

» Il a sauvé le recueil des décrétales du
VIIIᵉ siècle, dont il poursuivit les fragments
dispersés dans plusieurs magasins de Paris,
avec une obstination, une sagacité qui mérite-

raient d'être mentionnées à la première page de ce manuscrit, aujourd'hui un des ornements de la bibliothèque du roi.

» Il a sauvé une grande quantité de comptes de ville ;

» Une grande quantité de comptes de la cour ;

» Une grande quantité de comptes de finances ;

» Une grande quantité de comptes seigneuriaux en grands rouleaux de quatre-vingts, cent, cent cinquante pieds de long.

» Il a sauvé des milliers et des myriades d'autres titres.

» Il avait sauvé presque tous les manuscrits cités dans l'*Histoire des Français des divers états* ; et si ce livre parvient aux âges auxquels il est destiné, la mémoire de mon fils ne pourra que leur être chère (1). »

La vente de ces inappréciables trésors aurait dû les rendre riches, mais ils avaient beau acheter et vendre, leur position restait toujours précaire. Ils vivaient au jour le jour. « Il serait bien long de vous dire comment il faut tirer le diable par la queue et comment il fait souvent laide grimace, » écrivait Monteil à M. Hyppolyte de Monseignat le 27 décembre 1823. La lettre suivante montre combien, parfois, il se trouvait

(1) *Ephémérides*, pages 68 et 69.

gêné. Monteil s'y peint tel qu'il est avec sa bonhomie, son désintéressement. Certes, les créanciers comme Monteil sont rares. Nous croyons même que ce type a disparu depuis longtemps. Lisez plutôt :

« A Passy, 7 août 1822.

» Mon cher ami R...... faites moi l'amitié de compter à notre ami Barriac mille francs et je vous tiens quitte et à tout jamais quitte de tout le reste que vous me devez et toutes quittances et décharges finales, bonnes et valables et notariées vous seront données en mon nom.

» Vous savez que les chiffres n'ont de valeur que par leur position. Ici il en est de même des écus. Dans ce moment mille francs m'en représentent au moins cinq ; ainsi loin de perdre, je gagne. Je vous prie de me rendre ce service. Au moyen de ce seul et unique paiement, je vous déclare libéré devant Dieu, devant vous, devant moi, devant les hommes.

» Barriac et moi dirons que nous avons reçu l'entière somme parce que vraiment si vous le pouviez vous la paieriez toute, parce que celle que vous me paierez m'en représente une plus grande que celle que vous me devez.

» Vous n'avez pas d'argent, je le sais, mais je sais aussi que des personnes qui sont

près de vous en ont. Elles vous rendront ce
service et vous me le rendrez.

» Soyez sûr et ne perdez pas de vue que
ces mille francs ont pour moi une plus ou
moins grande valeur à proportion de la rapi-
dité avec laquelle ils me parviendront. *Monteil.* »

Monteil n'était pas prévoyant et il lui
manquait cette qualité essentielle : la prudence. « La fortune sourit aux gens pru-
dents ; c'était l'avis du cardinal Mazarin et
vous savez qu'il n'y a pas un sot sous sa
barrette (1). » Il n'était pas non plus auda-
cieux et l'on ne pouvait pas dire à propos de
lui : *audaces fortuna juvat.*

Faute de prudence ou d'audace il avait une
aimable philosophie qui l'aidait à supporter
parfois sa mauvaise fortune d'une façon assez
plaisante. « Les soucis m'assaillent, disait-il
à M. Hippolyte de Monseignat, mais je me
démène. Je donne un coup de pied à l'un, à
l'autre un coup de poing ; quelquefois ils s'en
vont au son de ma quinte que je racle
pour mon plaisir et pour le supplice de mes
voisins (2). »

Alexis avait été reçu bachelier ès-lettres et
son père pensait à lui faire choisir un état
lorsque la révolution de juillet éclata. « A

---

(1) Monteil, *Lettre inédite.*
(2)   *Idem.*

l'instant où j'appris que les fonctions de
garde général des archives du royaume venaient d'être de nouveau remises à M. Daunou, à cet instant, raconte Monteil, j'eus la
certitude que mon fils entrerait dans l'état
pour lequel il était né (1). »

En effet sur la simple demande de l'auteur
de l'*Histoire des Français des divers états* le
savant Daunou fit entrer Alexis aux archives
où après quelques mois de surnumérariat il
fut pourvu d'un emploi dans la section historique.

C'était en 1831 ou 1832 : Alexis qui jus-
que-là n'avait témoigné aucune inclination
pour le mariage faisait avec son père, plusieurs fois par semaine, des promenades dans
le bois de Boulogne et se plaisait à l'entretenir « au clair de la lune et assez avant dans
la nuit » de la jeune personne dont son cœur
avait fait choix. Monteil souriait à ces confidences. Que de projets! que de rêves! Ils se
berçaient de douces illusions avec cette in-
souciance que fait naître un avenir assuré
lorsque tout à coup une flèche empoisonnée
vint atteindre Alexis. La maladie ne parut
pas d'abord bien dangereuse; mais peu à
peu elle empira et dans quelques jours le
malheureux père vit disparaître dans les pro-
fondeurs mystérieuses de la tombe celui qui

(1) *Ephémérides*, page 71.

était ici-bas son unique espoir, sa dernière consolation.

Voici en quels termes il annonça la triste nouvelle à M. Hippolyte de Monseignat :

« Passy, le 24 septembre 1833.

» Mon cher ami, avec la même main avec laquelle je tiens la plume, je tenais hier le goupillon pour jeter l'eau bénite sur le cercueil de mon fils, de cet Alexis si beau, si spirituel..... Il avait fait choix d'une jolie personne, fraîche, jolie comme une rose. Tous les voisins applaudissaient à ce projet d'hymen, mais le sort se riait de nous. En onze jours de petite vérole cet Alexis tant aimé a péri. Il fallait entendre hier le concert de louanges de ses nombreux amis de Passy, de Paris, des vingt ou trente employés des archives : O le brave homme! ô l'honnête homme que nous perdons!

» Les lettres perdent aussi. Il avait enfin résolu de commencer de grandes recherches; il avait mis sur ses excellents yeux les lunettes de mes méthodes et de mon expérience.

» Quelque pauvre que je sois, je ne changerai rien aux dispositions prises envers.... Qu'elle apprenne tout doucement et sans secousse cette cruelle nouvelle. Je vous conjure de prendre ou de faire prendre toutes les précautions convenables. Qu'il en soit ainsi pour mon ami Richard.

» O de combien d'épées mon âme est percée ! Mon ami, je vois le baume de l'amitié couler de votre plume et de celle de Vergnes (1), mais je vous conjure l'un et l'autre de vous épargner ces lettres pénibles à écrire et pénibles ensuite à lire. Je n'ai pu m'en empêcher à votre égard. Empêchez-vous en au mien.

» Je cherche à tromper mes douleurs, je vous dirai dans la suite quels sont mes projets. J'aurai encore besoin de votre bras. Dieu me le conserve !..... (2). »

Alexis mourut le 21 septembre 1833 et fut inhumé au cimetière de l'Ouest dans la partie destinée aux concessions quinquennales. Trop pauvre pour acheter à la ville de Paris une concession à perpétuité Monteil adressa au préfet de la Seine une pétition pour obtenir que la concession temporaire fut convertie en concession perpétuelle. Il croyait, le naïf vieillard, que la ville de Paris ne refuserait

---

(1) Intendant militaire à Rodez, gendre de M. Hippolyte de Monseignat, ancien président de la commission de législation *civile et criminelle* et rapporteur du 3e livre, titre 2, chapitre 1er du Code pénal.

(2) *Lettre inédite.* Nous avons supprimé plusieurs passages parce que les confidences qu'ils contiennent nous ont semblé trop intimes.

pas cette faveur au jeune collaborateur de l'*Histoire des Français des divers états*, la première histoire qu'aient eue les peuples et que celui qui avait sauvé d'une destruction certaine de précieux matériaux pouvant servir à la glorification de sa patrie ne serait pas jeté dans cette tombe sans nom qu'on appelle la fosse commune. Or, savez-vous ce qu'il lui fut répondu non pas sans doute par le préfet de la Seine mais par un de ses nombreux plumitifs qui à coup sûr ne connaissait pas l'*Histoire des Français des divers états* et pour lequel Monteil était un inconnu ? Il lui fut répondu ce que la politesse administrative exige qu'on réponde à tous les solliciteurs, qu'on regrettait, mais qu'on ne pouvait faire fléchir les règlements. Monteil insista ; même réponse de la part du bureaucrate.

Quand le délai fut expiré, il fallut donc se résigner à voir descendre dans le large sillon sur lequel la mort fait peser plus impitoyablement son niveau les restes de ce fils bien-aimé.

Si pourtant Monteil n'eut pas la consolation d'ériger un monument funèbre à la mémoire d'Alexis (1) il a eu, du moins, celle de

(3) Un papier attaché avec une épingle au manuscrit porte, écrite de la main de Monteil, la note suivante : « J'ai acheté à perpétuité l'espace d'une tombe au midi de cette pierre pour le repos

perpétuer le souvenir de son fils dans ses *Ephémérides*. Là, ce nom si cher à son cœur ne sera jamais caché sous les ronces amères et les hautes herbes que, tôt ou tard, le triste oubli laisse croître sur les tombes.

---

des cendres de mon fils Alexis Monteil, bachelier ès-lettres, décédé à l'âge de 29 ans. » Cette note n'est pas datée, mais elle doit avoir été faite postérieurement au 28 septembre 1838, car nous lisons dans les *Ephémérides* : « Aujourd'hui 28 septembre 1838 expire le terme de la concession du terrain qui va être rendu aux sépultures communes, et je viens avec les amis de mon fils et mes amis élèves faire une *dernière visite* à cette funèbre place *où je n'ai pu obtenir* l'érection d'un monument qui peut-être aurait moins duré que celui que j'érige dans ce moment à mon fils, au bas d'une page d'un livre que certainement les âges futurs ne recevront ni avec indifférence, ni avec ingratitnde. » Monteil, Lallemant, Dessalles, de Royer, Delapierre, L.-A. Boileau, A. Chargueraud. » *Ephémérides*, page 74.

VIII.

Saluons la sœur de Monteil : Marie-Joséphine. « Dans son temps, dit-il, dans le temps de sa beauté elle a passé pour la plus belle personne de la ville comme ma mère avait passé pour la plus jolie. Ma sœur Joséphine était légèrement gravée : on pouvait d'ailleurs avoir la bouche plus mignonne, le nez plus parfait, les traits plus délicats, mais on ne pouvait avoir des yeux bleus marbrés plus transparents, de plus beaux sourcils, un plus agréable tour de visage et un teint plus éclatant ; quant aux autres parties de son corps elles semblaient sortir du ciseau du plus habile statuaire (1). »

C'était aussi l'avis de l'abbé Dasnières, vicaire général et principal du collège de Rodez. Se promenant un jour au bord de l'Aveyron, tout en lisant sans doute son bréviaire, il voit, à travers les saules qui bordent la rivière et au milieu de l'eau murmurante, comme une nymphe d'une éblouissante blancheur. Ravi d'étonnement il contemple la

_____
(1) *Ephémérides*, page 74.

naïade ou plutôt l'imprudente baigneuse.
C'était, avouez-le, un peu hardi pour un di-
seur de patenôtres ; mais M. le principal ne
se contenta pas de cela, il traduisit son admiration en vers et Dieu sait quels vers ! Nous
prenons la liberté grande de les mettre sous
les yeux de nos aimables lectrices tout en
leur recommandant de se méfier, car là où
vont les nymphes, les satyres ne sont pas loin :

> Quand de gentille *Monteillette*
> Le c.. s'est montré sans rideaux
> On a cru voir une comète
> Qui venait reposer sa tête
> Au sein des eaux.
>
> Ah ! qu'il est beau !
> Rien ne l'efface dans le monde.
> Ah ! qu'il est beau !
> Ce nouvel astre, ce flambeau !

Ces vers circulèrent en ville, mais l'on ne
rit pas de Mlle Monteil, on rit et l'on fit bien
de rire du poètereau indiscret.

> Ah ! qu'il est beau !
> Ce nouvel astre, ce flambeau !

Evidemment l'abbé Dasnières devait être
plus fort en thème qu'en vers français. Alors
pourtant les poètes n'étaient pas rares dans
le Rouergue. On n'y parlait que de satires
d'impromptus, de quatrains, d'odes, d'épi-
grammes, d'épithalames, de madrigaux,
de *Bouquets à Chloris*. Le croiriez-vous ? Le

futur auteur de la *Législation primitive* **M.** de
Bonald, lui-même, ne dédaignait pas, à cette
époque , de cultiver les Muses légères et
badines. Un jour étant allé voir le poète
Gaston qui demeurait à Rodez', rue de la
Paume et ne l'ayant pas trouvé dans sa
chambre dont la porte était entr'ouverte, il
écrivit sur un des cahiers de son ami absent :

> Je lis dans ce recueil qu'Apollon a dicté
> Une épitre à ton inhumaine
> Sans doute, ami, que ta fertile veine
> Se joue ici dans sa fécondité.
> Quand l'amant est heureux, le poète s'amuse,
> Et tu ne peux taxer de cruauté
> Ni ta maîtresse ni ta muse.

Voici un impromptu de Gaston. Le traduc-
teur de l'*Enéide* s'adresse à une dame de
soixante ans qui avait été belle et avait deux
filles fort jolies :

> Si tu n'as produit que deux Grâces
> Aglaé, ce n'est point une erreur de l'amour,
> Il te vit la première au milieu de sa cour,
> Il ne lui restait que deux places.

M. de Gualy, même dans sa vieillesse,
excellait dans l'art de tourner agréable-
ment les vers. Dans un bal il voit tomber
une rose du corsage d'une danseuse. Aussitôt il se baisse, relève la fleur égarée et
la présentant gracieusement à la belle dame
il lui dit galamment :

8

Je la connais c'est une de vos roses
Vous en semez partout sans crainte d'en manquer,
L'amour pour vous en a toujours d'écloses ;
Je vous la rends, je crains de m'y piquer.

Mais que nous sommes loin, bien loin de ce pauvre abbé Dasnières et de sa vieille guimbarde ! Tant mieux ; n'en parlons plus.

Mlle Joséphine Monteil était belle et vertueuse. Aussi les prétendants furent en grand nombre. Seulement le père Monteil était bien difficile à contenter. Pour un rien il se retranchait derrière un irrévocable *non possumus*.

« Il se présenta un jeune médecin, raconte Alexis Monteil ; mon père dit que les médecins avaient peu de constance et de fidélité.

» Il se présenta un jeune avocat, ami de mon frère le puîné qui venait faire le soir la prière en famille ; mon père trouva qu'il était trop petit.

» Il se présenta un jeune marchand, autre ami de mon frère le puîné ; mon père trouva qu'il était trop gros. J'ai toujours regretté pour ma sœur, moins sa fortune que son honnête figure et la bonté de son caractère et de son cœur.

» Un capitaine de dragons se présenta lui-même à Joséphine, en lui envoyant une si grande corbeille de fleurs, que j'en donnai à

toute la rue. S'il n'avait pas soixante ans, il
en avait plus de cinquante. Joséphine n'en
avait que dix-sept. Cependant elle ne s'était
pas montrée dédaigneuse. Un bel uniforme
couvre bien les années. Sans doute mon père
ne fut pas de cet avis, car le capitaine ne fit
guère d'autres avances, et adieu les fleurs!

» Un jeune avocat de la campagne fit parler aussi de mariage à Joséphine; mon père
dit qu'il était sorti des mains du chirurgien
et qu'il n'en était pas quitte.

» M. de M....., conseiller au présidial, venait souvent passer la soirée. C'était une des
lumières de la cour. Il m'appelait maître Bellecombe, mon ami Bellecombe; je laisse à
penser si je désirais que son neveu fût mon
beau-frère. Il vint de son pays; il dansa bien,
mais la famille toute composée de grands
parleurs, trouva qu'il ne parlait pas assez.

» Le comte de F...., à la famille duquel
mon frère aîné était un peu allié par sa
femme, vint aussi de son pays. Il était jeune,
riche; il était capitaine de cavalerie. Il avait
tout ce qui pouvait plaire le plus à mon père
et à ma sœur. Mais il voulut marchander sur
la dot; c'en fut assez ou c'en fut trop.

» Un jeune Lorrain, neveu d'un riche
prieur, dont mon père était procureur fondé,
vint à Rodez. Ses affaires l'amenaient souvent
à la maison. Je crois qu'il trouva Joséphine

à son gré. Je crois aussi que mon père n'en était nullement fâché ; mais un soir, en famille, Joséphine s'étant endormie au doux son des fleurettes et des soupirs du jeune Lorrain, tous les amours s'envolèrent. La fortune vient quelquefois en dormant, quelquefois elle s'en va.

» Enfin, le jeune Valentin Salgues, âgé de vingt-trois ans, se présenta, assisté de son tuteur, pour demander Joséphine. Il faisait ce que je fis depuis. Il entendait la voix de son père longtemps après qu'il avait cessé de vivre. Son père avait manifesté le désir de voir son fils uni à Joséphine, fille de son ami. Ce jeune homme avait une fort belle figure, mais elle avait le même défaut que celle de Joséphine ; la disposition des traits n'en était jamais diversifiée par les mouvements de l'âme. Son cœur était vierge comme celui de Joséphine, et si le flambeau de l'amour n'alluma pas celui de l'hymen, leurs foyers furent toujours fort pacifiques.

» Après quelques allées et venues, le mariage s'était fait. Il avait été célébré à minuit, car alors la délicate pudeur des demoiselles ne pouvait en plein jour porter le poids des regards et des pensées du public lorsqu'elles allaient à l'autel (1). »

_____

(1) *Ephémérides*, pages 75, 76.

M. Salgues était conseiller du roi au présidial et lieutenant des eaux et forêts. Il se défit de la première charge et garda la seconde qui était mieux dans ses goûts. C'était un pêcheur et un chasseur dont on citait au loin l'habileté et l'adresse.

« Un des plus grands plaisirs qu'en sa vie ait eu Joséphine, raconte Monteil, c'est un jour que, donnant le bras à son époux, ils étaient à se promener à peu de distance d'une terrasse où M. de Colbert, évêque de Rodez, qui était suivi de toute sa cour, c'est-à-dire de toute la ville, aperçut en même temps deux beaux canards qui volaient dans les airs, et le célèbre chasseur, M. Salgues, qui était à peu de distance. L'évêque fait proposer d'envoyer son coureur prendre le fusil. Mon beau-frère accepte. Le fusil est apporté. Mon beau-frère descend dans un grand bassin de prairies. Tous les yeux étaient fixés sur lui; comme le cœur battait à Joséphine ! Elle craignait que son mari perdît par un seul jour de maladresse la réputation à laquelle il tenait tant. Elle craignait pour elle-même les mauvaises plaisanteries. Mon beau-frère approche lentement les deux canards qui reposaient dans un marais; ils partent, ils sont abattus par un coup double et dans le moment offerts à l'évêque. Bien sûrement Joséphine n'aurait pas changé son mari con-

tre tout autre, et bien sûrement son mari
ne se serait pas changé contre Arthur, ni
peut-être même contre Philippe (1). »

M. Valentin Salgues eut trois filles et un
garçon qui devint avocat à la cour royale.

Quand la cadette vint au monde c'était
pendant la Révolution. M. Salgues qui avait
embrassé les idées nouvelles voulait que sa
fille fut baptisée par un prêtre constitutionnel.
Sa femme ne voulant pas entendre parler d'un
pareil baptême profita un jour de l'absence
de son mari pour appeler un prêtre insermenté. Le baptême eut lieu dans la cuisine
qui était la pièce la plus éloignée de la rue.
« Le prêtre, raconte Monteil, était notre
plus proche voisin, M. Delauro, ancien conseiller au présidial, qui venait de recevoir
clandestinement les ordres sacrés. » Le parrain était un autre prêtre insermenté, qui se
cachait, et qu'Alexis Monteil fut chargé de
représenter. La cérémonie était à peine ter-
minée que M. Salgues entre, gronde, se met
en colère, menace et finalement part d'un

_____

(1) *Éphémérides* page 77. (Le manuscrit porte :
Artus, toutefois il faut lire Arthur manière d'é-
crire plus habituelle. L'auteur parle ici de Philippe, père de Persée, roi de Macédoine, fameux
chasseur). Note de M. Herbert, professeur de rhétorique au lycée de Rodez, membre de la *Société
des lettres sciences et arts de l'Aveyron.*

grand éclat de rire en regardant rire sa femme du tour qu'elle venait de lui jouer.

Bien que partisan de la Révolution M. Salgues fut arrêté comme suspect et voici comment : « Un pauvre gentilhomme nommé le chevalier du Sérieys, rapporte Monteil, avait voulu faire le petit Charrié, comme Charrié avait voulu faire le petit Charette. Il en fut de cette petite Vendée du Rouergue, comme de la petite Vendée du Gévaudan. La ville de Rodez, qui d'abord avait fermé ou plutôt bouché ses portes, revint de sa peur, sortit en armes : les quinze cents paysans baraqués dans la forêt des Palanges furent dispersés, et le chevalier du Sérieys, après avoir crié : Vive le roi ! et gaiement dansé sur l'échafaud n'en fut pas moins décapité. Mon beau-frère, dont la maison (à Pérols) avait été environnée par les insurgés, fut accusé devant le tribunal criminel révolutionnaire, lui et une servante de basse-cour, de les avoir trop bien reçus, la servante en rinçant volontiers les verres, lui en versant volontiers le vin. Cette grosse paysanne, qu'on interrogeait et qu'on écoutait de préférence, sauva, par sa continuelle présence d'esprit, sa vie et celle de son maître. Mon beau-frère sortit si pur, si brillant des mains de l'effroyable justice de ce temps qu'il fut fait administrateur du district (1). »

(1) *Ephémérides*, pages 78, 79.

Après le 9 thermidor il donna sa démission et se retira avec sa femme à Pérols où il mourut. A partir de ce moment Mme Salgues vécut dans la solitude ne pensant qu'à ses enfants et à administrer ses biens. Elle était encore bien jeune pour renoncer au monde ; mais son mari mort, « elle prit le noir, dit Monteil, et comme une pieuse et tendre veuve elle ne le quitta plus. »

Obligée de plaider et de faire de continuels voyages pour ses propres affaires elle se sentit tout à coup exténuée par le travail. « Elle éprouvait que ces longues agitations lui avaient gravement affecté la poitrine ; un jour elle dit à ses enfants : j'ai arrondi je crois, toutes nos affaires. Toute ma vie a été sans intervalle remplie par des occupations, qui n'ont jamais été interrompues. Je ne sais de combien Dieu veut allonger ma vie ; je veux me reposer au moins un peu avant sa fin. Elle alla voir ses amies à Rodez où elle passa quelques semaines. Quand elle fut de retour, sa maladie augmenta : satisfaite d'avoir fait cette courte station, elle gravit plus tranquillement le reste de la montée où devait se terminer sa carrière. Quand elle fut au haut, elle aperçut, sans terreur, la rapide descente à l'autre monde. Sa maladie, son agonie furent douces. Elle n'expira pas ; elle s'endormit. Quelques heures après sa mort,

les couleurs lui revinrent. Elle éclata de
beauté : tous les gens du village voulurent
encore la voir.

» Le mari de Joséphine avait fini sa jour-
née vers les dix ou onze heures du matin ; Joséphine vers les une ou deux heures de l'a-
près-midi, à l'âge d'environ quarante-sept
ans (1). »

_____

(1) *Ephémérides*, page 80.

IX

A̲u-dessous du portrait de sa sœur Joséphine, Monteil a suspendu pieusement
ce petit médaillon où semble sourire un
ange :

« Ainsi qu'à une matinée de printemps un
bouton de pêcher est enlevé par de cruels fri-
mas, ainsi périt à l'âge de deux ans ma sœur
Nanette. J'en avais à peine quatre. Cependant
je me souviens qu'on me disait que *j'étais tombé
du tabouret,* que je n'étais plus le dernier né,
l'enfant chéri ; je me souviens que les domestiques avaient beaucoup de préférences pour
Nanette. Nanette ! toujours Nanette ! plus de
petit Amans.

» Tout-à-coup Nanette devint malade.
Voilà aussitôt la désolation dans la maison.
Bientôt ma mère n'en espéra plus rien : Ah!
s'écria-t-elle, ma chère enfant sent la terre
du cimetière ; signe de dissolution. Mon père,
ma mère recueillirent son dernier souffle.
Mon père était au désespoir. Il invoquait
Dieu et le priait pour qu'il lui plût de l'appe-

ler à lui. Cette jeune enfant était son beau portrait en miniature de femme.

» Cependant, une petite cloche, moitié laiton, moitié argent que l'on tintait à coups espacés, sonnait, pour ainsi dire, de sa voix enfantine, Nanette à se rendre dans le sein de la terre qui venait d'être ouverte pour elle. Sa petite bière, couverte d'une serviette blanche, ornée d'une couronne de fleurs, était exposée au salon, à la même place où l'on prenait le repas, où elle avait été mille fois caressée, embrassée. Tout autour étaient de petits cierges allumés, et plus loin, une collation de fruits et de sucreries pour deux rangées d'autres petits anges vivants, tous habillés de blanc, qui vinrent une chandelle à la main, l'enlever et la porter dans une procession d'un clergé de tous les âges, qui, au milieu des chants funèbres, alla la présenter au temple de l'Eternel.

« Mon père me parlait si souvent des perfections de corps et d'esprit de ma petite sœur Nanette, que, depuis, à l'âge de dix-huit ou vingt ans, je me plaisais à la faire revivre, à lui choisir un amant, un époux, à lui donner, parmi mes jeunes camarades, le mieux fait, le plus aimable, le plus tendre (1). »

_____

(1) *Ephémérides*, pages 80 et 81.

X.

Amans-Alexis MONTEIL consacre le
dernier chapitre de ses *Ephémérides* à
son frère Joseph - Antoine qui portait
le nom de Fontenilles, vieux hameau entièrement ruiné et rasé où M. Monteil père
avait fait bâtir une grange.

Fontenilles fut mis de bonne heure au collège de Rodez, mais, ayant peu d'inclination
pour l'étude, il passait presque tout son temps
chez ses voisins les Jacobins ou chez les Cordeliers à sonner les cloches, ranger les autels,
allumer les cierges et vider le fond des buret-
tes dans les sacristies. Il paraît même qu'il
contracta avec un jeune père Cordelier le goût
de la dive bouteille dont il ne se défit que
longtemps après (1).

C'était une tête brûlée. Ni les graves
remontrances de son père, ni les caresses de
sa mère, ni les coups de férule du correcteur du collège, ne purent le discipliner.

Un jour que son père le poursuivait en le

_____

(1) *Ephémérides*, page 82.

menaçant de sa longue canne, il enjambe l'escalier de la maison et se retournant vivement à la cinquième marche : « Prenez garde, dit-il, on n'est plus parent au cinquième degré (1). »

Tel était ce mauvais garnement de Fontenilles.

Fatigué des auteurs classiques il s'était écrié bien avant le poète Berchoux :

« Qui me délivrera des Grecs et des Romains ? »

Il s'en délivra lui-même en s'engageant à l'âge de seize ans dans un régiment de cavalerie. Au bout de deux ans il vint par congé de semestre à Rodez. « — Voulez-vous servir ? lui dit son père. Je puis obtenir pour vous un brevet de gendarme : vous aurez rang de sous-lieutenant de cavalerie. — Non. — Voulez-vous être officier dans un régiment provincial ? — On m'appellerait *cul-blanc* (2). » Impossible d'obtenir une réponse raisonnable.

« Quelques jours après, raconte Monteil, on vint avertir mon père qu'un officier de maréchaussée avait ordonné à Fontenilles de se rendre en prison. Il n'y avait d'autres pri-

(1) Nous tenons cette anecdote d'une personne qui avait beaucoup connu Fontenilles. Nous pourrions en raconter d'autres, mais celle-ci le caractérise suffisamment.

(2) *Ephémérides*, page 83.

sons militaires que celles de la ville. Mon père
ne fut nullement flatté que son fils, pour une
étourderie ou peut-être pour une réponse peu
mesurée, fut entré dans ces prisons. Il était
sur le point de partir pour la campagne. Il
prit son chemin du côté des prisons, et ayant
aperçu Fontenilles derrière les grilles de la
fenêtre, il l'appela et lui cria de venir. A
l'apparition de mon père le geôlier avait ouvert la porte. J'atteste ce fait. Alors c'était
un temps où tous les citoyens notables étaient
magistrats de fait. L'officier de maréchaussée,
qui était étranger, ayant rencontré mon père
au salon de l'évêché, lui dit qu'il ignorait que
ce jeune cavalier fut son fils (1). »

A l'expiration de son service Fontenilles
revint à la maison. C'était au commencement
de la Révolution. Les esprits étaient exaltés
et la prudence dans les propos ne suffisait pas
toujours à empêcher des conflits entre la population et la garnison. Fontenilles à qui on
avait assoupli au régiment les épaules, les
bras, les genoux, les jambes, mais à qui on
n'avait jamais pu assouplir la langue, se fit
des ennemis et un soldat du régiment de
Vermandois, en garnison à Rodez, ayant
reçu un coup de bâton à l'entrée de la nuit.
Fontenilles fut accusé par un mauvais voisin.

« Le peuple et le régiment se soulevèrent,

(1) *Ephémérides*, page 83.

raconte Monteil. La ville manqua d'être sac-
cagée et Fontenilles aurait été massacré si
les magistrats n'avaient protégé sa vie. Cette
fois, il fut très heureux d'être conduit en
prison.

» Le lendemain, il fut conduit entre un
triple rang de gardes à l'Hôtel-de-Ville devant le juge de paix. Fontenilles se défendit
lui-même. Le juge et le peuple le reconnu-
rent innocent. On lui ôta les fers qu'il avait
aux pieds et aux mains. Cependant, à cause
des soldats, il fut reconduit en prison, d'où on
le fit sortir dans la nuit. Quelque temps après,
un garçon tailleur, avant d'émigrer, dit que
la gloire de ce grand coup de bâton lui appartenait et non à d'autres (1). »

Ce n'était pas la première fois qu'il y avait
conflit entre le peuple et la troupe, Vaïsse-
Villiers nous raconte à ce sujet trois curieu-
ses anecdotes dans son *Itinéraire descriptif de
la France*, etc.

« Les Ruthénois, dit-il, se sont distingués
dans tous les temps par une énergie de caractère qui, en bien des occasions, a failli troubler leur tranquillité. En 1782, un régiment
passait à Rodez ; une rixe s'éleva entre un
soldat et un bourgeois sur la place publique.
Le maire de la ville, qui faisait sa partie dans
une maison voisine, descend pour s'informer

(1) *Ephémérides,* pages 83, 84.

de la cause du tumulte. — « Monsieur, lui
dit l'officier qui commandait, vos bourgeois
me feront porter à quelque extrémité : s'ils
ne se retirent, je vais faire battre la générale.
— Vous allez faire battre la générale contre
mes bourgeois ! répond le maire ; eh bien ! je
ferai sonner le tocsin contre vos soldats, et
nous allons faire de belles affaires vous et
moi. Avant tout, je vais commencer par en
informer le ministre. Il rentre aussitôt dans
la maison d'où il venait de sortir. L'officier,
intimidé par la fermeté de ce magistrat, se
hâte d'aller le trouver pour l'engager à ne
pas écrire, en le prévenant que tout était
apaisé. En effet le calme fut de suite rétabli.

» Quelque temps après, je fus témoin d'une
querelle des habitants avec le colonel d'un
autre régiment. Il voulait faire passer par les
verges un soldat qui, sans doute, l'avait mérité. Le peuple Ruthénois n'en jugea pas
ainsi ; aux murmures succédèrent les menaces
et enfin les voies de fait contre le colonel
qui, non défendu par son régiment, fut obligé
de se cacher et de sortir de la ville pendant
la nuit.

» Durant la Révolution, la garde nationale
osa prendre les armes contre deux régiments
en garnison à Rodez, qui soutenaient violem-
ment un soldat frappé par un habitant dont il
avait insulté la femme. D'un autre côté, les

citoyens prirent avec la même violence le parti de leur compatriote. La ville entière se soulève et marche, sa garde nationale en tête, contre les deux régiments qui, après avoir parlementé, se décidèrent à partir. »

Lorsque Monteil père quitta la ville pour aller habiter à Istournet sa maison de campagne, Fontenilles le suivit. « ... Un beau matin les jeunes gens du village, parmi lesquels se trouvaient même les garçons de charrue de notre ferme, s'assemblèrent sur la pelouse, firent appeler mon frère en lui disant : Monsieur Fontenilles, vous ne faites rien de tout le jour ; nous, du matin au soir, nous travaillons la terre ; si vous ne voulez partir pour l'armée, à compte du contingent que doit cette commune (Sainte-Radegonde), nous allons vous dénoncer aux citoyens représentants. Etre dénoncé, être jugé, être condamné, étaient dans ce temps-là, trois choses qui se suivaient de si près, que cela semblait une seule et même chose. Fontenilles le savait, il partit. Eh ! sur quoi pouvait être dénoncé Fontenilles, qui faisait gloire d'être républicain ? Oui, sans doute, il était républicain et il aimait la République, mais il aimait une République à sa mode et non à celle des autres. Il y voulait un doge, un sénat, des chanoines, des Jacobins et des Cordeliers.

Ces bons et méchants paysans appelèrent cette
bizarre constitution du fédéralisme , parce
qu'ils n'ignoraient pas que c'était le fédéralisme, qui vous faisait couper la tête (1). »

L'agent supérieur donna à Fontenilles le
commandement de la recrue qui était de
quatre-vingts hommes et qu'il conduisit à
Nice où elle fut incorporée dans un bataillon
du département. Les officiers, notamment les
capitaines Tarayre, Higonet et le commandant Viala (2) avaient été les camarades de
Fontenilles. S'étant demandé ce qu'ils pourraient bien faire de lui : « Pardi, répondit
le commandant, il était le tambour des écoliers , il sera le tambour de la musique...

» Je ne sais combien de temps Fontenilles
battit la grosse caisse.

» Je ne sais combien de temps il fut ensuite
inspecteur des moulins. Il aurait pu conserver

---

(1) *Ephémérides,* page 84.

(2) Tarayre devint général de division; Joseph
Higonet était colonel du 108e régiment d'infanterie
de ligne lorsqu'il fut tué à la bataille d'Iéna (14
octobre 1806), à l'âge de 34 ans. Son nom est inscrit sur l'Arc-de-Triomphe de l'Etoile; Philippe
Higonet, son frère, fut promu général de brigade ; Viala (Sébastien), fut nommé général de
brigade après la bataille d'Iéna où il eut deux
chevaux tués sous lui. Atteint même à bout portant on le laissa pour mort sur le champ de bataille. Inscrit à l'Arc-de-Triomphe de l'Etoile ,
côté Est.

ce canonicat militaire ; mais un jour il lui
prit envie d'aller voir comment on moulait le
blé à Gênes. Il fut surpris sur la corniche de
Monaco à Oueille. Dans les camps, la justice
est fort expéditive, et l'on trouva que c'était
un homme très bon à fusiller. Heureusement
on le conduisit devant les représentants du
peuple envoyés à l'armée d'Italie. Il se défendit aussi bien qu'à l'Hôtel-de-Ville de Rodez.
Il dit qu'il avait mauvaise vue, ce qui était la
vérité, qu'il s'était égaré, qu'il n'entendait
pas bien la langue de ce pays, qu'il avait été
mal guidé. Il dit tout ce qu'il voulut ; on crut
tout ce qu'il voulut. Il fut remis en liberté ;
mais on ne lui rendit pas ses moulins (1). »

Fontenilles se vantait bien d'avoir dans
cette circonstance disputé courageusement sa
tête devant les représentants du peuple Sa-
licetti et Robespierre jeune, mais il ne se
vantait pas de bien d'autres choses. Le fait
est qu'il revint à Istournet en assez mauvais
équipage. « Il y demeura dix-huit ou vingt
ans, à peu près jusqu'à la fin de sa vie. Il
couchait et prenait ses trois repas à la ferme;
mais il habitait la ville distante d'une grosse
lieue, qu'il fallait faire en descendant une
montagne et en en montant une autre. La
nature l'avait pourvu d'une paire de jambes
telles que je n'en ai jamais vues de pareilles.

(1) *Ephémérides,* page 85.

Sa tête ne fut pas à beaucoup près aussi
bonne. Après la mort de mon père il se dé-
barrassa si vite de dix mille francs d'argent
comptant, que personne jamais n'a pu savoir
ce qu'il en avait fait. La famille lui fit une
pension de cinq cents francs, dont il ne lui
demeurait sans doute pas grand'chose au bout
de l'année (1). »

C'était un type dont plusieurs vieillards ont
gardé encore le joyeux souvenir. Sa taille
mesurait environ cinq pieds huit pouces. Il
avait le teint couperosé, portait des culottes
courtes, des bas bariolés, des souliers à la
poulaine et une longue canne qui ressemblait
à un bourdon. Sa redingote, toujours bou-
tonnée, lui effleurait les talons et sa tête
était invariablement surmontée d'un énorme
chapeau à claque.

« La vie de Fontenilles, raconte Monteil,
n'avait été qu'une continuelle tempête. Des
éruptions dartreuses s'étaient manifestées à
la tête et aux épaules. Il eut recours à la mé-
decine de Rodez, à celle de Montpellier, enfin à celle de Paris.

» Un soir du mois d'octobre 1815, je le
rencontrai près du pont du Pec, qui venait
me voir à Saint-Germain-en-Laye où je de-
meurais; j'étais à pied, il était à pied aussi.
Il s'obstina à vouloir rebrousser chemin vers

(1) *Ephémérides,* page 85.

Paris où j'allais. Il me dit qu'il venait à Paris se faire traiter dans un hôpital. Je ne pus jamais lui faire entendre qu'il serait aussi bien médeciné dans une maison particulière. Il était assez facile de faire entrer une chose dans sa tête ; il était impossible de l'en faire sortir. Je parvins, après quelques difficultés, à le faire recevoir à Saint-Louis, où, grâce à M. Alibert, médecin en chef, de qui je suis connu, il fut soigné avec une bienveillance particulière (1).

» J'allai le voir. Il me parut, sinon en voie d'une guérison très prochaine, du moins bien supporter l'effet des remèdes. J'ai lieu de croire qu'il ne voulut pas s'astreindre aux précautions indiquées par l'expérience, qu'il fit quelques imprudences.

» J'avais un appartement à Paris ; mais j'étais attaché à l'école militaire de Saint-Cyr. Le principal locataire de la maison où je logeais à Paris, retirait mes lettres pendant mon absence et me les remettait chaque semaine à mon arrivée. Il me retint une lettre où mon frère m'écrivait qu'il se mourait, que je vinsse à son secours. Il m'en retint une autre où son voisin de lit m'écrivait que si je voulais voir mon frère en vie, il n'y

---

(1) On sait que le docteur Alibert est une des illustrations de notre département et que c'est à ce titre qu'on a donné son nom à une rue de Rodez.

avait pas un moment à perdre. Je retournai
à Paris, la veille de Noël; j'arrivai assez
avant dans la nuit. Ah! que le lendemain au
matin je fus fâché de ne pas avoir cru le dan-
ger aussi pressant, de n'avoir pas aussitôt pris
le chemin de Saint-Louis! on m'aurait peut-
être laissé entrer. Le lendemain je pars...
J'arrive à Saint-Louis de grand matin... Je
monte dans une salle haute où se montre à
découvert la noire et lugubre charpente de la
toiture. J'entre, je demande mon frère, je le
nomme. J'avance, j'avance encore ; je ne
cesse de le nommer. Enfin j'arrive à un en-
droit où on le connaissait, où on l'avait
connu. Monsieur, me répond un des malades
qui se chauffaient autour d'un poêle, *on l'a
passé ce matin à deux heures.* Je veux douter ;
je doute de ces funestes paroles. Je vais à la
sœur qui servait la salle. Je l'interroge en
tremblant. Elle me dit qu'elle a reçu le dernier soupir de mon frère. C'était une jeune
personne de dix-sept ans : je crus voir un
ange; je voulus aller encore chez la supérieure. J'espérais qu'il y aurait quelque méprise de nom ; sa réponse claire et précise fit
évanouir ce reste d'espérance.

» Elle eut la bonté de me cacher des cir-
constances dont j'ai appris indirectement
quelques-unes. L'agonie de mon malheureux
frère dut être horrible. Il put croire que je

l'abandonnais. Il se souvenait qu'il était le
fils d'un père qui tenait autrefois un des premiers rangs dans sa ville natale. Il se dres-
sait sur son séant, il voulait arracher son
nom écrit au dossier de son lit. Je veux
aller mourir hors d'ici ! Laissez-moi aller
mourir hors d'ici ! Transportez-moi hors d'ici,
s'écriait-il. Combien de fois n'ai-je pas prié
Dieu qu'il ait adouci ses derniers moments !
Dieu est si bon.

» Lorsque mon frère Fontenilles vint au
monde et à la raison, deux voies s'offrirent
devant lui comme devant chacun des autres
hommes. Il ne marcha presque jamais dans
la bonne. Inutilement mon père, ma mère et
la famille lui criaient d'en changer, de venir
à eux. Mon bon frère Fontenilles n'était pas
comme ces statues qui ont des pieds et qui ne
marchent pas, qui ont une bouche et qui ne
parlent pas ; mais il était comme ces statues
qui ont des oreilles et qui n'entendent pas.

» Ah ! s'il était à recommencer ! »

Là se termine cette chronique intime. Jules
Janin en donna la primeur dans une étude
intéressante intitulée : *Histoire d'une famille
bourgeoise* qui servit de préface à la 4ᵉ édition
de l'*Histoire des Français des divers états aux
cinq derniers siècles*. Paris, 1853.

Malheureusement l'éminent critique eut
tort de modifier certains passages des *Ephé-*

mérides et de mettre ses lecteurs les plus
attentifs dans l'impossibilité de discerner si
les pages qu'ils admiraient le plus étaient de
lui ou de Monteil.

Telle est l'opinion de l'auteur de la notice
concernant notre savant compatriote dans la
Biographie universelle (de Michaud).

« Ce spirituel écrivain, dit-il en parlant
de J. Janin, ayant eu communication de ce
que Monteil avait écrit sur lui-même et sur sa
famille, y a puisé largement ; se fiant sans
doute sur la différence des styles, il n'a pas
toujours assez marqué ce qui ne lui appartenait pas. Il devait cependant craindre qu'on
ne l'accusât de dépouiller d'une main celui
que de l'autre il couronnait de fleurs. »

Toutefois, il est juste de reconnaître que
tout l'intérêt de l'*Histoire d'une famille bourgeoise* n'est pas dû aux *Ephémérides*. J. Janin
a su, en effet, donner un attrait particulier
à cette étude en y semant çà et là les perles
de son esprit et en l'ornant de souvenirs per-
sonnels et d'anecdotes finement contées.

Les *Ephémérides* ont été écrites par Monteil « sans minute et sans rature » (1) sur des

---

(1) C'est Monteil lui-même qui l'avoue dans une
note : « Ton observation est juste, mon cher
Alexis... Cependant je ne rayerai pas ce mot. Tu
sais que tous ces articles doivent être faits *sans
minute et sans rature.* »

feuillets intercalés dans un ouvrage composé
de trois volumes reliés en velin blanc, imprimé
à Paris en 1599 et intitulé : *Inventaire de
l'histoire journalière*. Ce précieux manuscrit
appartient à la Société des Lettres, Sciences
et Arts de l'Aveyron. Monteil l'a dédié à son
père :

« Dieu, dit-il, vous a mis dans le séjour
des justes qui a peut-être communication avec
celui que vous avez habité. Je vous dédie ce
livre, composé de votre histoire, de celle de
votre épouse bien-aimée, de vos enfants, de
vos parents, de vos amis, des amis de votre
fils (1) !

» Vous aviez tant de mérite et si peu de
prétentions que votre histoire, quelle qu'elle
soit, ne laissera pas de vous satisfaire. Je
désire que si mon fils se charge de la même
tâche, elle ne soit pas plus difficile. »

Ceux de nos lecteurs qui ne connaissaient
pas ces *Mémoires* nous sauront bon gré sans
doute de leur avoir donné, par de nombreuses

---

(1) On trouve dans les *Ephémérides* la copie de
deux lettres qui furent envoyées à Monteil, l'une
par M. Vergnes, intendant militaire, à l'occasion
de la mort de son fils Hippolyte Vergres (1833),
l'autre par M. Cussac, président du tribunal civil
de Lodève, à l'occasion de la mort de sa jeune fille
Stéphanie Cussac (1821). Ces lettres montrent
quelle profonde amitié unissait M. Vergnes et M.
Cussac à Monteil.

citations, une idée de ce livre qui serait peut-être, s'il avait été terminé, un des plus beaux titres de Monteil.

Non seulement ces pages sont remarquables par les tableaux pleins de couleur locale, les réflexions piquantes, souvent judicieuses, toujours originales ou spirituelles qu'elles renferment, mais encore par un style à la fois simple, naturel et imagé qui, selon l'expression d'un maître dans l'art d'enseigner, « a toutes les grâces des moëlleux idiomes du Midi, toute la perfection du français de Tours » et rappelle « le grec que parlait Théophraste ou Lucien (1). »

P. S.

---

(1) M. Herbert, ancien professeur de rhétorique au Lycée de Rodez, membre de la Société des Lettres, Sciences et Arts de l'Aveyron.

DESCRIPTION

DU

DÉPARTEMENT DE L'AVEYRON (1)

Par A.-A. MONTEIL.

Cet ouvrage fut publié en l'an X chez Carrère, imprimeur à Rodez. Monteil était alors professeur d'histoire à l'école centrale de l'Aveyron. Dans la préface de ce livre, il s'exprime ainsi :

« J'entreprends la *description du département*. Comme ce titre ne réveille pas un grand intérêt, il n'est guère possible d'entrer en matière sans parler de ce genre d'ouvrage, dont on n'a point paru jusqu'ici avoir assez

---

(1) On écrivait alors *Aveiron*. Ce n'est que plus tard que l'i a été remplacé par un y. Nos historiens Monteil et de Gaujal sont restés toujours fidèles à la vieille orthographe du mot qui, selon J. Duval, « rappelle mieux le latin *Avario*. »

senti l'importance (1). Ces géographies dépar-
tementales pourraient cependant devenir
d'une grande utilité, si elles présentaient
l'exactitude des faits et les développements
dont ils sont susceptibles. L'homme d'état y
verrait les besoins et les ressoures de chaque
département, les causes de sa prospérité ou
de sa détresse ; il ne serait pas exposé à l'in-
convénient d'alléger ceux qui pourraient supporter de nouvelles charges et d'ajouter aux
fardeaux de ceux qui sont près à succomber.
Le physicien y trouverait des recherches précieuses qui lui épargneraient bien des travaux et des voyages. Là seraient étalées sans
confusion et comme sur de larges tablettes
les productions naturelles de chaque contrée.

» Le philosophe surtout pourrait y suivre
les progrès de la civilisation ou de la dégra-
dation sociale : il y observerait l'homme des
villages, l'homme des bourgs, l'homme des
villes et l'homme des grandes villes. Il y re-
trouverait les anciens usages, les vieilles
mœurs et les antiques opinions que le torrent
des siècles a entraînés et dont il a laissé les
débris dans le fond de nos départements. En-

---

(1) « Il y a plus de deux ans que ceci est écrit.
Alors nous n'avions pas les descriptions du Finis-
tère, de la Seine-Inférieure, etc, etc. Leurs auteurs
ont démontré par leurs ouvrages ce que j'essayais
de prouver dans cette préface. » Monteil, *Note.*

fin, la collection de ces descriptions particulières formerait l'atlas moral de la nation ; la
France serait la partie la mieux décrite de la
terre, et son tableau deviendrait vraiment
son portrait. »

Tel était le but que visait Monteil. Inutile
d'ajouter qu'il l'atteignit avec succès.

Déjà l'abbé Bosc, ancien professeur au collège de Rodez, avait publié en l'an V, chez
Devic, trois volumes de *Mémoires pour servir à
l'Histoire du Rouergue.*

Cet ouvrage qui fut recommandé aux Aveyronnais par une proclamation de l'administration centrale du département, en date du
29 prairial an IV de la République, était divisé en trois parties. La première contenait
la description du Rouergue et quelques no-
tions sur l'histoire naturelle du pays. La seconde avait trait aux principales révolutions
dans le gouvernement et l'administration de
la province, aux changements dans les mœurs
et les usages. La troisième renfermait tout ce
que l'auteur avait pu recueillir sur l'histoire
des villes et des principaux bourgs du Rouergue.

La *Description du département* par Amans-
Alexis Monteil devait forcément embrasser
moins d'évènements que les *Mémoires* de l'abbé
Bosc. « Ainsi que le titre du livre le fait pres-
sentir les faits historiques y jouent un moin-

dre rôle que les détails relatifs à la géographie, aux mœurs, à la statistique, à l'économie politique et rurale. Déjà se révèlent dans ces pages pleines d'observations piquantes, de tableaux colorés, de renseignements économiques, de réflexions naïves ou spirituelles, les qualités éminentes qui assureront un jour la célébrité de l'*Histoire des Français des divers états* (1). »

Considéré par les hommes les plus compétents comme un modèle du genre, l'administration du département et le ministre François de Neufchâteau honorèrent ce livre de leurs encourageantes souscriptions.

Monteil y décrit le département en observateur impartial, en philosophe, en moraliste. Il prend tour à tour le burin de l'historien, le crayon du dessinateur, le pinceau du peintre. Ses portraits accusent toujours une ressemblance parfaite. Un simple coup d'œil lui suffit pour saisir la physionomie d'une ville, d'un village, d'un hameau et les mœurs de leurs habitants.

« Saint-Geniez, dit-il, offre le spectacle d'un vaste atelier. On y voit le peuple sans cesse en mouvement, aux lavoirs, aux séchoirs, aux fouleries ; on entend continuelle-

(1) J. Duval, *Notice biographique* sur le baron de Gaujal, auteur des *Etudes historiques sur le Rouergue.*

ment le bruit des rouets, des métiers, des peignes et des cardes.....

» Villefranche est incontestablement moins ancienne que Rodez, mais c'est une cadette plus agréable et plus jolie.....

» Serres, dans son *Inventaire de l'Histoire de France*, dit qu'Entraygues était de son temps une place très-forte, et qu'il fallait trois armées pour en faire le siège : aujourd'hui vingt grenadiers suffiraient pour s'en faire remettre les clés, si elle avait des portes.... »

Monteil fait souvent des observations et des réflexions qui frappent par leur originalité. Ainsi en parlant du costume et des mœurs des habitants des montagnes d'Aubrac : « La couleur rouge, dit-il, a la préférence sur toutes les autres. Les bas, les jarretières, la culotte, le gilet et l'habit rouge composent la mise la plus galante. Cette couleur est aussi regardée comme la plus terrible : quand le diable apparaît c'est toujours un grand homme, l'épée au côté, habillé de rouge. »

A propos des moutons de Cransac, si estimés des amis de la bonne chère, il dit : « Les pâturages d'Aubin sont couverts de serpolet et de bruyère ; les moutons y acquièrent une chair délicate. Louis XIV ne dédaigna pas d'en faire servir sur sa table ; et depuis comme les rois qui dévorent leurs troupeaux

doivent se connaître en moutons, ceux de
cette contrée ont été très-recherchés sous le
nom de moutons de Cransac. »

Il s'agit maintenant de Cransac, renommé
pour ses eaux minérales et de l'aspect qu'il
avait en l'an X :

« Le village de Cransac est sans auberge :
les étrangers sont reçus chez les habitants du
pays et ils y trouvent à peu de frais toutes
les attentions et tous les égards de l'hospitalité la plus affectueuse. Le séjour en est d'ailleurs agréable et le paysage très-varié. Les
buveurs font ordinairement leur promenade
dans de belles prairies, arrosées par un ruisseau qui semblable au Styx, voit des milliers
d'ombres errer sur ses bords ; la tristesse, le
malaise, la pâleur vont, viennent et se croi-
sent en divers sens. Par un contraste singulier, les échos y répètent alternativement les
cris de la douleur et les chants joyeux des
vendangeurs occupés dans cette saison à dépouiller les vignes sur des coteaux voisins.
Ce lieu ressemble à l'enfer des anciens, où
l'on trouvait les plaisirs et la joie de l'Elysée
à côté des souffrances du Tartare. »

Ce qu'on va lire est une critique spirituelle
qui pouvait être juste alors, mais qui, assuré-
ment, ne l'est plus aujourd'hui. Nous en ap-
pelons aux habitants d'Aubin :

« Si Aubin avait été connu dans les temps

mythologiques, la théogonie n'aurait pas manqué d'y placer le séjour favori de Bacchus et de Silène. Il est rare de trouver d'aussi grands buveurs que ceux de ce canton. Plusieurs d'entre eux ne connaissent d'autre boisson que le vin, et il leur serait impossible d'affirmer que l'eau n'est pas salée ou sucrée. Il y a un demi-siècle qu'on écrivait et qu'on prononçait *Albin* au lieu d'Aubin. Les antiquaires ont cherché l'éthymologie d'Albin dans le nom d'un romain appelé *Albinus*, son prétendu fondateur, ils l'auraient plutôt trouvée dans les deux mots de l'idiome du pays que les habitants ont le plus souvent à la bouche : *Al bin*, au vin.... »

Cette étymologie, évidemment fantaisiste, ne rappelle-t-elle pas celle, non moins plaisante, de Requista? *Per res quista, cal pas dé biassos* (1). Rabelais en faisait de semblables pour égayer les lecteurs de son *Gargantua* au dépens des étymologistes de son temps.

Les habitants d'Aubin n'étaient pas seuls à avoir du goût pour la dive bouteille. Valady, patrie du Père Ferrier, confesseur de Louis XIV et de l'infortuné girondin Izarn de Valady, possédait d'intrépides buveurs : « C'est là, dit Monteil, où il faudrait aller

_____
(I) Pour ne rien quêter on n'a pas besoin de besaces.

prendre nos ambassadeurs en Suisse. Les Bassompierre y sont très communs (1).

On aurait pu facilement, aussi, en trouver à Villefranche, paraît-il. « Il est deux traits caractéristiques, raconte Monteil, qui distinguent généralement les habitants de Villefranche. C'est leur penchant pour le vin et leur antipathie pour Rodez. Leur penchant pour le vin est tel qu'aux jours de fête les tavernes ne désemplissent pas. Ce goût s'est même étendu aux femmes ; et, parmi celles du quartier appelé le *Pech*, plusieurs passent pour des héroïnes, en état de vaincre les plus déterminés buveurs. Aussi les crieurs publics s'adressent-ils au sexe quand ils annoncent la vente du vin en détail (2). »

Mais à Villefranche comme à Valady et

---

(1) « Bassompierre, ambassadeur de Louis XIII, en Suisse, termina, le verre à la main, une négociation où ses prédécesseurs avaient échoué ; en prenant congé des Cantons, il fit remplir sa botte de vin, et la vida d'un seul trait. » *Note* de Monteil.

(2) « Voici littéralement leur joyeuse formule, pour annoncer au public qu'une taverne vient d'être nouvellement ouverte : *Ol boun bi so et net, — o sieis ordits lo pauco, — tont que duroro, — et ol sécours fennêtos, qué lous cerclés soun roumputs.*

« Au bon vin sain et net : à six liards la pauque tant qu'il durera. Accourez petites bonnes femmes, les cerceaux éclatent. » Monteil, *Note.*

Aubin les mœurs sont changées. Il en est
de même de celles de Saint-Côme. Qui oserait le contester? « Le sexe est en général
beau à Saint-Côme, rapporte notre historien,
mais en disant qu'il n'est pas sévère la renommée l'a traité bien sévèrement. »

Voilà, certes, un trait décoché avec finesse
et dextérité.

Tout en indiquant les défauts des populations dont il dépeint les mœurs et les usages
Monteil sait mettre en relief leurs qualités
distinctives. Ainsi, après avoir constaté que
nulle part on n'exerçait mieux l'hospitalité
qu'à Aubin, il ajoute : « Peu d'années avant
la Révolution, le gouvernement entreprit de
rendre l'exploitation des mines de charbon
de terre exclusive à quelques privilégiés de
la cour. La commune d'Aubin confédérée
avec celle des environs, osa alors résister au
roi de France et de Navarre : une poignée
de vignerons et de charbonniers, armés seulement de leur colère, marchèrent au devant
des troupes royales, et, par leur intrépédité,
triomphèrent, sans effusion de sang, du des-
potisme qui voulait enfoncer son sceptre de
fer dans les entrailes de cette terre généreuse. »

Monteil se plaît à rendre un public hommage au patriotisme de Villefranche. « Cette
ville, dit-il, déploya au commencement de la

Révolution un de ces spectacles guerriers
qu'on met avec raison au nombre des prodi-
ges opérés par la liberté. Toutes les confréries des vignerons ou des corps et métiers
furent transformées dans quelques jours en
bandes militaires, exécutant les évolutions
avec une précision qui étonnait les gens de
l'art. L'esprit public des habitants y a d'ailleurs toujours été bon, et l'arbre de la liberté
a pris facilement racine au milieu de ces
beaux vallons. »

Chemin faisant Monteil s'attriste devant
certaines ruines, mais ce n'est pas devant
celles qui lui rappellent une époque d'op-
pression et de misère. A la vue des tristes
débris du château de Gages, vieux repaire
du farouche connétable d'Armagnac, il
s'écrie : « Que j'aime à voir la maison forte
des anciens maîtres du pays successivement
démolie par les descendants de ceux qu'ils
ont opprimés, et les paisibles murailles des
habitations villageoises bâties avec des ma-
chicoulis ou des meurtrières! Que j'aime à
voir les pigeons nicher dans les débris des
créneaux, la place d'armes cultivée en blé,
et les fossés tant de fois ensanglantés servir
aujourd'hui d'asile aux amours des bergers!
Ainsi, dans toute la France, ainsi, dans
toute l'Europe, le temps qui n'a jamais
manqué de faire justice aux peuples, broie

les dernières ruines de ces hautes tours qui aux siècles passés épouvantaient les campagnes. »

Les ruines du monastère de Bonnecombe ne lui inspirent pas non plus de regrets. Il passe devant elles sans être ému et se contente de constater que cette bonne abbaye de Thélème, séjour de joie et d'abondance avant la Révolution, « est redevenue une solitude depuis qu'il n'y a plus de solitaires. »

Après cette observation piquante digne de Voltaire, lisez les lignes suivantes qu'il consacre à Ceignac, petit hameau que la piété de nos pères a rendu célèbre :

« Ceignac, pauvre village, ne doit sa célébrité qu'à une petite église bâtie sous l'invocation de la Vierge : l'opinion qu'il s'y opérait des guérisons miraculeuses attirait un grand nombre de confréries et de paroisses qui s'y rendaient processionnellement de cinq ou six lieues à la ronde. Il y a peu d'années qu'on y voyait autant de perclus, d'infirmes et de malades, qu'aux eaux de Spa ou de Plombières. Les jeunes docteurs riaient de ce genre de remède, mais les médecins savaient qu'il y avait bien des cas où les eaux bénites valaient mieux que les eaux minérales.

» La bétoine (*arnica montana*), et le doronic (*doronicum plantagineum*) sont indigènes de ces cantons. Tout le pays est couvert

d'une étonnante quantité de fleurs : les nar-
cisses, le jonc fleuri, les pâquerettes, les
centaurées, les scabieuses, le trèfle rouge,
les primevères, les violettes, les dents-de-
lion, la sauge, les boutons d'or, les jacobées,
les orchis et les ophrys y dérobent en certains endroits la vue du gazon. Dans les
champs, on voit plus clairsemés les bluets,
les coquelicots, les adonis, les petits convol-
vulus, les camomilles, les miroirs-de-Vénus
et les soucis. Les haies d'aubépine, de troëne,
de viorne, d'églantier, de fusain, de chèvre-
feuille, de prunelier épineux et d'autres
arbustes y entourent d'une broderie blanche
le vert tendre des blés. Ah ! qu'il serait difficile, au milieu de ces vallées fleuries, de nous
persuader que la terre n'est qu'un peu de
boue sur lequel nous rampons ; de nous faire
croire, dans ces ravissements extatiques où
l'élan de la reconnaissance et de l'admiration
se porte vers la Divinité, que nous n'avons
que des sensations. Les métaphysiciens pour-
ront bien tenir encore longtemps leurs écoles
dans l'enceinte obscure et fétide des villes ;
mais à la campagne, elles seraient désertées
au premier jour du printemps. »

Comment trouvez-vous ce tableau ? Nous
n'en connaissons qu'un autre de Monteil qui
l'égale, le surpasse même en coloris, c'est la
description de la grotte de Salles-la-Source.

Rien de plus frais, de plus ravissant. Jugez
plutôt :

« A l'extrêmité méridionale de ce vallon,
est un massif de pierre calcaire sur lequel on
a bâti le village de Salles. Du haut de cette
élévation se précipite un ruisseau qui se di-
vise en deux cascades de quarante pieds de
haut. Leurs eaux tombent dans deux bassins,
d'où elles s'échappent pour aller fertiliser des
prairies et arroser ensuite les vallons de
Marcillac. Derrière ces cascades se trouve
une superbe grotte : elle forme un fer à cheval ; sa voûte s'élève en entonnoir ; son entrée couronnée de frênes, de figuiers sauvages, de lierre, de scolopendre, de polypodes
et de plusieurs plantes sarmenteuses qui pen-
dent en festons, est taillée en arc très ouvert, et laisse pénétrer dans l'intérieur les
reflets du soleil renvoyés par la surface des
deux bassins ; sa cavité se remplit alors d'une
vive clarté ; les mousses fraîches dont elle est
tapissée ressemblent à une tenture d'un ve-
lours vert chatoyant, et les gouttes d'eau qui
tombent de tous les points de la voûte
à des poignées de perles jetées du haut
de cette magnifique coupole. La fraîcheur
des eaux , les parfums des prairies pénè-
trent l'air de volupté. Tous les sens sont
émus à l'aspect de ces beaux lieux, l'imagination y amène les objets qu'elle chérit le plus ;

elle y fixe leur demeure. On ne peut se lasser de contempler tant de beautés réunies; on veut les quitter, on est obligé de les admirer encore ; enfin, ce n'est qu'avec peine qu'on s'arrache à ce séjour enchanté, pour remonter sur la terre. Ah ! si Fénelon eut vu ce beau vallon, cette belle verdure, ces belles eaux, cette belle grotte, l'île de Calypso en eût été bien plus délicieuse et ses nymphes bien plus séduisantes. »

La plupart des touristes ont mal apprécié le caractère, les mœurs et les usages des Ruthénois. Généralement on nous représente comme envieux et méchants. Le Ruthénois, dit un proverbe latin, ronge ce qu'il peut ronger ; ce qu'il ne peut ronger il le hait :

Ruthenus quod potest rodere rodit
Quod non potest rodere, odit.

Ceux qui ont porté un pareil jugement sur le Ruthénois ne l'ont jamais connu. Il a ses défauts, c'est incontestable. Un voyageur dont les observations ont été consignées par l'abbé Bosc dans ses *Mémoires* a eu peut-être raison de dire : « A Rodez, en me faisant une poli- tesse, on semble m'adresser des injures ; à Villefranche on me fait un mauvais compli- ment avec un ton doucereux.... » Mais qu'est- ce que cela prouve sinon que nos pères n'é- taient pas nés pour être courtisans ! Le Ruthénois a une certaine raideur dans sa physionomie et dans ses paroles. Il est peu communicatif et se tient en garde contre les personnes qu'il ne connaît pas. Quand, trompé par de fausses apparences, il reconnaît qu'il a eu tort de se fier à quelqu'un il ne lui pardonne jamais. Il tend rarement la main, mais lorsqu'il la tend, c'est pour tout de bon et l'on sent la chaleur de son cœur dans ses vigoureuses étreintes.

Mais pourquoi essayer de le peindre quand Monteil l'a peint avec tant d'exactitude et de vérité ?

« Les habitants de Rodez , dit-il , sont francs, loyaux et d'un commerce sûr. C'est à tort que ceux qui ont confondu l'esprit de quelques coteries avec l'esprit général, ont voulu les faire passer pour envieux et méchants ; mais parce qu'on entend bourdonner parmi les abeilles quelques mouches vénimeuses, faut-il donc prendre la ruche pour un guêpier? Il est plus vrai de dire que le peuple y est grave et sérieux. On ne le voit guère bruyant dans les réjouissances publiques ; il ne rit pas même au nom de la loi....

» Le sang est en général très beau dans cette ville. Lorsqu'aux jours de fête les femmes de toutes les classes sont parées de leurs ajustements, on est étonné de leur éclat et de leur fraîcheur....... »

» Le marteau de l'horloge règle à Rodez

le sommeil, l'appétit et les affaires; tout le monde se lève et travaille à six heures, déjeune à neuf, dîne à midi, soupe à sept et dort à neuf. Cette monotonie claustrale quoique favorable à la santé, jointe au peu de mouvement dans le commerce, à la rareté des chances de la fortune, et à la privation des spectacles ou des plaisirs publics, a toujours fait juger Rodez trop sévèrement. Presque tous les étrangers qui en ont parlé se sont trompés ou ont trompé la renommée.

» Il n'y a guère dans cette ville que les arts utiles qui prospèrent : ceux de luxe et d'agrément en sont bannis par le défaut de richesses. Les mathématiques et le droit civil y fleurissent, tandis qu'on y néglige entièrement les sciences morales et les beaux-arts. La poésie y a été cependant cultivée ; on y avait même fondé des prix pour son encouragement, mais la dotation de cet établissement fut séquestrée au commencement de la Révolution, et le domaine d'Apollon tomba dans le domaine de l'enregistrement. »

Ajoutons que les Ruthénois ont toujours eu un vrai culte pour leur pays. De là leur dicton favori :

Roudo que roudoras
A Roudez tournoras (1).

_____

(1) Rode tant que tu voudras — à Rodez tu reviendras.

A ce sujet, Jules Duval raconte dans la *Biographie* de Gayrard la curieuse anecdote suivante qui remonte probablement à 1831, époque où M. Vergnes, ancien intendant militaire, fut nommé député par le collège électoral de Saint-Affrique : — « Un jour, M. Vergnes, député de l'Aveyron, dînant chez le roi Louis-Philippe, Sa Majesté lui demanda quel département il représentait : « Celui de l'Aveyron, répondit M. Vergnes. — Ah ! je connais beaucoup votre capitale, repartit le roi : *Roudo que roudoras, à Roudez tournoras.* » Comme notre député se trouvait fort surpris d'entendre sortir de la bouche royale un proverbe rouergat, la reine lui en donna l'explication en lui apprenant que, pendant leur séjour à Palerme, ils avaient pour aumônier le père Boutonnet, capucin de Rodez, qui leur vantait beaucoup les merveilles du pays natal, et murmurait sans cesse le proverbe patois qui en fait soupçonner les charmes. »

Mais si l'on a mal apprécié le caractère et les mœurs des Ruthénois que n'a-t-on pas dit des Rouergats, des Aveyronnais?

Sous Louis XIV on nous appelait les « loups béants du Rouergue ». Notre pays paraissait si pauvre, si perdu au milieu de ses âpres montagnes, de ses sombres forêts

et de ses âcres bruyères que les touristes
n'osaient y pénétrer. Le célèbre agronome
anglais Arthur Young qui parcourut en 1787
et 1788 toute la France pour comparer l'agriculture de notre pays avec celle de l'Angleterre, dédaigna de visiter le Rouergue tant il
lui semblait si peu digne de son attention et
de ses études.

Plus tard nous fûmes traités de *sauvages*, et
savez-vous pourquoi? Parce que vers le commencement de ce siècle un de nos savants
compatriotes, l'abbé Bonnaterre, de Saint-
Geniez, continuateur de l'*Encyclopédie métho-
dique*, alors professeur d'histoire naturelle à
l'Ecole centrale de Rodez, recueillit chez lui
un jeune sourd-muet de 11 à 12 ans qui,
abandonné par ses parents dès l'âge le plus
tendre dans les forêts de Lacaune (Tarn), y
avait vécu à l'état sauvage, se nourrissant de
racines, de glands et du fruit de hêtres et
s'abritant la nuit, tantôt dans les cavités
des rochers sur un lit de feuillage ou de
mousse, tantôt dans le tronc creux des vieux
chênes. Nous étions donc tous des sauvages
parce qu'un Aveyronnais pour l'honneur de
la science et dans un but d'humanité avait
essayé de civiliser un prétendu sauvage,
trouvé dans un département voisin du nôtre!

« Et voilà justement comme on écrit l'Histoire. »

Ces accusations ridicules ont généralement
laissé les Aveyronnais froids et indifférents.
Il est cependant des injures que l'on ne peut
s'empêcher parfois de relever. On sait avec
quelle verve spirituelle M. de Cabrières répondit en 1818 dans ses *Lettres d'un philologue*
aux lettres concernant le département de
l'Aveyron signées un *Sténographe parisien*.
Plus tard M. Adrien de Séguret fut obligé de
s'armer du fouet de la satire pour venger son
pays indignement outragé par Joseph Pain,
auteur dramatique et chansonnier qui mourut
à Paris en 1830 ne laissant pas même de quoi
se faire enterrer, ce qui prouve jusqu'à un
certain point combien peu ses œuvres furent
estimées. Ceci se passait, croyons-nous, vers la
fin de la Restauration. Notre vaudevilliste,
à bout de ressources, s'étant fait le commis-
voyageur d'un journal sans lecteurs auquel il
collaborait, disait-il, parcourait la province
pour recueillir des abonnements. Bien accueilli dans la meilleure société ruthénoise
et notamment à la Préfecture où il fut même
invité à dîner, il essaya d'y payer son écot
avec des poésies qu'il débita prétentieuse-
ment et des chansons qu'il chanta fort mal.
Quant aux abonnés il n'en trouva qu'un seul
dans toute la ville. *Inde iræ*. Blessé dans
son amour-propre de publiciste, d'auteur
dramatique et de chansonnier, il boucla sa

valise et, après avoir quitté Rodez et le département,

« Jura, mais un peu tard, qu'on ne l'y prendrait plus. »

De retour à Paris il nous honora de la satire suivante qu'il fit imprimer chez Fain et répandre à profusion : Oyez !

Adieux à l'Aveyron.

Quoi ! toujours des rochers ! quoi ! toujours des
[montagnes !
Et d'humides vallons et de froides campagnes !
Lorsque le Créateur débrouilla le cahos,
   Malgré sa sagesse profonde,
   Distrait par d'aussi grands travaux,
   Il oublia ce coin du monde !
A celui qui versa le premier sang humain, .
Peut-être il réservait cette contrée aride :
   Sans doute, après le fratricide,
   Ce fut ici qu'il exila Caïn.

Que pensez-vous de cette tirade ? Ecoutez encore, la vipère n'a pas achevé ses sifflements :

Le printemps paresseux, d'une verdure avare
   Y marque à regret son retour ;
Le rossignol à peine au chant d'amour
   Accorde un son plaintif et rare.
Le sauvage habitant de ces sauvages lieux
   Vit en famille avec le porc immonde ;
Certain d'avoir créé de nouveaux malheureux,
L'époux avec horreur voit sa femme féconde :
   Le désespoir l'a rendu furieux ;
D'un sinistre dessein il ne peut se défendre.

Mais, sur les monts pelés que parcourent ses
[yeux,
Il ne trouvera pas un arbre pour se pendre.
. . . .
    Triste Aveyron, terre maudite,
    Avec ivresse je te quitte
    Sûr de ne te revoir jamais.
    Si quelque disgrâce imprévue
Vers ces affreux climats me ramenait vivant,
Mon Dieu m'accorderait, ou de perdre la vue,
    Ou de mourir en arrivant.

Ce fut un jeune magistrat, M. Adrien de
Séguret, l'unique abonné que le pauvre hère
était parvenu à recruter à Rodez, qui se
chargea de répondre à cette virulente dia-
tribe. Cette réponse ne se fit pas attendre :
elle partit frémissante comme une flèche.
Bornons-nous à quelques extraits :

Faudra-t-il donc répondre à tes plates injures?
On voit qu'à t'inspirer ton Dieu n'a pas songé,
Si tu nous en voulais, l'ennui de tes lectures
Ne t'avait-il de nous cruellement vengé?
Tu viens nous accuser du plus affreux des cri-
[mes;
A t'entendre on croirait voir du sang sur nos
[mains;
Mais est-ce parmi nous qu'ont frappé leurs vic-
[times
Papavoine et Louvel, Lacenaire et Castains?
Tu dis qu'en nos climats privés de mélodie,
Du chant du rossignol on n'entend pas les sons?
D'où vient donc que chacun s'y crut en Arcadie
Quand tu nous poursuivais de tes fades chansons?
Tu prétends qu'en ces lieux l'époux avec hor-
[reur

Voit arriver le jour qui doit le rendre père ?
Si jamais, en ce cas, quelqu'un dût avoir peur,
A coup sûr, ce fut bien le mari de ta mère.
Allons, illustre auteur de *Fanchon la Viel-*
[*leuse !* (1)
Tire sur nous de loin, comme un Parthe, en
[fuyant !
Insulte sans pitié la ville généreuse
Qui t'accueillit trop bien, parasite insolent !
Tes traits n'atteindront pas cette féconde terre,
Qui parmi ses enfants peut présenter Raynal,
Flaugergues, Monseignat, Monteil, Laromi-
[guière,
Frayssinous, Alibert, Gayrard, Clausel, Bonald
Et tant d'autres comme eux, notre orgueil,
[notre gloire !
Ces hommes cependant chérirent leur pays !
Et voilà que d'un Pain le sot et plat grimoire,
Avec tout l'Aveyron les déclare maudits.
Tu ne reviendras plus, Joseph, le visiter ?
Tu l'as juré ? C'est bien ; car si, par imprudence...
Tes épaules pourraient par écrit attester
Que le bois vert n'est pas si rare que tu pense.

Depuis Pain, que de détracteurs n'avons-
nous pas eus ? Dernièrement encore... Mais
opposons à ces tableaux assombris à plaisir
des portraits plus fidèles. Savez-vous ce que
le chancelier de l'Hospital disait du comte
Antoine de Vesins surnommé le *Lion ca-*
tholique par l'amiral de Coligny ? *C'est un*

(1) J. Pain fit ce vaudeville avec Bouilly en 1802.
On disait alors : « Le Vaudeville ne sert plus à
ses habitués que du *pain* sec et du *boulli* ré-
chauffé. »

homme à móytié de pur or et de fer ardent. Il
fut au xvie siècle le vrai type du Rouergat;
il en avait les qualités et les défauts : il était
terrible et doux, vindicatif et généreux ;
brave jusqu'à la mort. Lieutenant du marquis
de Villars, il se trouvait à Paris à l'époque
de la Saint-Barthélemy, lorsqu'il apprit qu'on
recherchait pour le massacrer un gentilhomme calviniste, nommé Reyniés, son plus
mortel ennemi. A cette nouvelle, il court,
suivi de deux soldats armés, vers la maison où
s'était réfugié Reyniés, en enfonce les portes
avec fracas et se précipite, l'épée au poing,
dans la chambre du huguenot. Pris à l'im-
proviste et se croyant perdu, celui-ci tombe
à genoux et implore la miséricorde divine.
Mais Vesins l'entraîne dans la rue des Bour-
donnais, monte à cheval, lui ordonne d'en
faire autant et, sans lui adresser un mot, le
conduit, à petites journées, jusqu'au château de Reyniés, près de Montauban. Là,
rompant enfin le silence : — Je ne vous ai
point sauvé la vie pour gagner votre amitié,
dit-il, mais pour vous faire mourir plus hon-
nêtement à la première occasion et maintenant même si vous y tenez. — J'aimerais
mieux briser mon épée, répondit Reyniés
confondu que de la tourner contre mon libé-
rateur. A partir de ce jour elle vous appartient ; vous pouvez en disposer entièrement.

11

—*Non*, *non*, *gardez-la*, s'écria Vesins; *vous avez à l'employer pour la vengeance du méchant trait qui vous a été fait* (la Saint-Barthélemy); *pour moi, je veux tout brave, ami et ennemi.* Et sur ce, il pique son cheval et disparaît, laissant le huguenot ravi d'étonnement et d'admiration.

Que d'anecdotes ne pourrions-nous pas conter si nous voulions mettre ici en relief les traits distinctifs de certains Aveyronnais. Mais elles nous entraîneraient trop loin et d'ailleurs le caractère de l'Aveyronnais n'est-il pas assez connu? Rappelons, cependant, ces mots de Frayssinous au comte d'Estourmel, préfet de l'Aveyron (1816-1818) : « Les Aveyronnais, disait-il, sont un peu âpres, mais ils ont un fonds de raison qui les empêchera toujours de méconnaître ce que vous valez. — Je vois, lui écrivait-il quelque temps après, que vous avez bien observé le *Rouergas*. Si l'on veut en tirer parti, il faut savoir le manier. Le métal est bon, mais s'il est ductile, il est aussi très dur. »

N'oublions pas les admirables paroles que l'abbé Cœur, plus tard évêque de Troyes, prononçant l'oraison funèbre de Mgr Affre, l'archevêque-martyr, fit entendre sous les voûtes de Notre-Dame de Paris, du haut de la chaire illustrée par les Ravignan et les Lacordaire : « Il était né dans ce pays de l'Aveyron où tout est vigoureux, le soleil, la nature et les hommes, où l'énergie du caractère atteste une rare puissance... »

Dans sa *Description du département*, Monteil nous montre successivement les différentes nuances qui distinguent les habitants de chaque partie de l'Aveyron. En parlant des fières et robustes populations de nos montagnes : « Partout ailleurs, dit-il, les passions ont perdu leur énergie naturelle et se sont pour ainsi dire graduellement civilisées avec la société. Ici elles ont conservé leur physionomie native ; on y retrouve la colère, la vengeance, l'amour ; on y retrouve aussi l'impétuosité, la bravoure et l'antique hospitalité. Ces hommes sont les descendants directs des Gaulois de César, et attestent bien mieux la vérité de ses Commentaires que les débris incertains d'Autun et de Gergovie. »

Quelle différence entre ces populations et celles de la partie méridionale du département ! « On remarque dans le midi une vivacité qui constraste avec cette gravité d'esprit si ordinaire dans le nord ; tel est, en effet, la pétulance du peuple dans cette partie du département qu'il court lorsque les autres marchent, qu'il tranche ce que les autres dénouent. Il frappe et menace, répond et écoute. Par le jeu animé de sa physionomie, avant de parler, il a dit. En un mot, ailleurs,

l'homme a été pétri de limon, ici de sal-
pêtre. »

Résumant ses impressions en quelques mots
Monteil définit ainsi l'*Aveyronnais* :

«... Il a le corps nerveux et musclé, la
taille un peu massive et la physionomie sévère. Les étrangers le trouvent comme son
pays d'un abord difficile. Il est sérieux, mais
rarement mélancolique. Jamais il ne balance
entre l'agréable et l'utile. Son goût le porte
vers l'agriculture, la nécessité vers l'indus-
trie et le commerce. La rectitude naturelle
de son esprit le fait réussir dans les sciences
exactes. Il manifeste de mille manières un
attachement invincible pour son pays ; les
usages opposés aux siens, il les regarde
comme ridicules et comme détestables si on
veut les lui faire adopter. Ennemi de la flat-
terie, il dit toujours la vérité qu'on lui demande et souvent celle qu'on ne lui demande
pas. Dans son département il se fait peut-être
moins de compliments en dix ans, que dans
les autres en dix jours. Ses vertus sont fortes
et héréditaires ; religieux parmi les débris
des autels, austère au milieu du débordement
des vices ; la ténacité est le plus saillant de
ses traits. Il est ce qu'ont été ses pères ; ses
enfants seront longtemps ce qu'il est. Son
antique caractère paraît cependant avoir été
un peu altéré par la Révolution, ainsi l'on

voit ces blocs de granit roulés par les torrents perdre à la longue quelque chose de leur première forme. »

Tel est l'*Aveyronnais* buriné par Monteil ; voici maintenant ce qu'il dit des *Aveyronnaises* :

« Les Aveyronnaises ont de la taille et de la fraîcheur. Leurs traits annoncent plutôt la force que la délicatesse. Leur port et leur maintien sont moins aisés que sévères ; la pudeur plutôt que les grâces préside à leur toilette.....

» L'éducation des Aveyronnaises n'admet ni les minauderies, ni l'étude de ces grâces légères, ailleurs si essentielles. L'utile ; on ne leur demande, on ne leur apprend que cela. Lire, écrire, compter, coudre et bien gouverner le ménage, voilà tout ce qu'il faut qu'elles sachent. Si dans les maisons aisées on leur permet quelques arts agréables, ce n'est guère qu'à la veille de les établir : quand on voit entrer le maître de danse ou de musique, on peut en conclure que l'époux n'est pas loin.....

» C'est dans leur vie domestique, que les femmes du département méritent surtout nos hommages. Mères tendres, elles se gardent bien de confier les premières années de leurs enfants à des mains mercenaires : on voit leur jeune famille dans leur bras; sans cesse

elles en sont entourées. C'est là leur parure ;
la seule qu'elles aiment à montrer en public.
Constantes dans le sentiment qu'elles ont
promis à celui dont elles ont fait choix, leur
retraite du monde, leur mise simple et mo-
deste est un gage continuel de leur vertu.
Ailleurs la vie des femmes est divisée en deux
parties, elles passent de la dissipation et des
plaisirs bruyants à une solitude absolue. Ici,
exemptes des passions qui rendent le printemps de la vie si souvent orageux, elles
voient leurs années couler doucement entre
leurs enfants et leur époux.

» Voilà quel est le sexe, dans le département de l'Aveyron : l'homme de bel air n'y
viendra pas peut-être chercher sa maîtresse ;
mais à coup sûr, il n'est pas d'honnête homme
qui n'y trouvât sa femme. »

A la fin du dernier volume, au chapitre
intitulé : *Influence de la révolution sur le département*, Monteil signale en ces termes les
divers changements survenus dans nos mœurs :

« Si quelque habitant du Rouergue, sorti
de son pays avant la révolution, pour aller
voyager dans les Etats étrangers, entre
aujourd'hui pour la première fois dans le
département de l'Aveyron, il éprouvera bien
des surprises. Les changements que nous
avons vus s'opérer successivement en dix ans

viendront le frapper presqu'au même moment.

» En traversant ces prairies et ces mois-
sons, il ne se doutera pas qu'il est au milieu
de l'antique forêt témoin des ébats de son
enfance. S'il s'égare, il cherchera inutilement
des yeux la haute tour et le donjon qui l'a-
vaient si souvent orienté.

» Les hameaux s'offriront à lui réparés et
reblanchis.

» Inutilement il écoutera; il n'entendra
plus cette sonnerie des premières heures du
matin.

» Dans ce pieux monastère, où des vierges
timides ne prononçaient dans leurs plus vives
impatiences que le nom de *Jésus* et de *Marie*,
son oreille ne sera frappée que de propos libres, de chansons licencieuses et de querel-
les de petits ménages. Ce couvent silencieux
de moines retentira des roulements des tam-
bours et de la voix bruyante des sergents.

» Rodez, autrefois sombre et triste comme
l'intérieur de ses cloîtres, lui semblera un
moine nouvellement dans le monde; Villefranche sans son administration provinciale,
un bon agriculteur à qui on a enlevé son habit des dimanches; et Millau, où l'on voyait
tant de militaires et de noblesse, un manufac-
turier qui a quitté la dorure et le plumet pour
rentrer dans ses ateliers.

» Il ne verra plus les habitants des campagnes, timides et embarrassés. Maintenant ils sont juges ; ils sont administrateurs ; ils donnent des suffrages ; ils ne sont plus tournés en ridicule.

» On ne l'obligera plus de changer de manière de penser et de parler, suivant l'état et le rang des personnes qu'il entretiendra ; il ne s'inclinera plus devant celui-ci , il ne se redressera plus devant celui-là.

» Si la curiosité le fait entrer dans un des petits tribunaux des campagnes, il apercevra *Pierre* assisté de *Jean* et de *Guillaume*, jugeant son ancien juge. Son voisin n'a fait qu'une enjambée de sa chaumière à ce vaste et vieux château ; sa veste est descendue jusqu'à la longueur d'un habit : il a appris quelques mots de français, dont il se sert pour crier contre la Révolution.

» Partout il trouvera des journaux et des papiers publics ; et les familles qui ne lisaient à la veillée que les almanachs de Marseille ou de Milan, ont maintenant pour s'endormir les articles de la Haie, de Francfort ou de Munich.

» Les connaissances devenues plus populaires, la langue des villages enrichie de mots scientifiques ajouteront à sa surprise. Ces anciens noms qui dans le Rouergue étaient continuellement cités, continuellement dans toutes les bouches, seront oubliés : des noms nouveaux et presque inconnus auront pris leur place.

» Autrefois un petit nombre de saints, tels que *Joseph*, *Antoine*, *Guillaume*, *Bloise*, *Amans*, patron du diocèse, et les douze apô- tres suffisaient pour nommer toute la popu- lation masculine de la province. Aujourd'hui il lira dans les registres des naissances les noms d'*Adolphe*, *Auguste*, *Henri*, *Hercule*. Les mères s'appellent bien encore *Marie*, *Jeanne*, *Margot*, *Geneviève*, *Christine* ; mais elles font porter à leurs filles de jolis noms de roman, *Sophie*, *Julie*, *Amélie*, *Clarisse*, *Sylvie*, *Adèle*.

» Il trouvera les physionomies plus fières, les têtes plus hautes, les corps plus droits. Plus de morgue ; partout des manières sim- ples et franches.

» Aux habits noirs, auront succédé les ha- bits bleus.

» Il n'aura plus à craindre, aux jours de fêtes, ces joûtes meurtrières ou plutôt ces petits combats de village à village : des mains qui ont renversé les empires crain- draient de s'avilir en reprenant les armes des goujats.

» De toutes parts il entendra une nom- breuse jeunesse qui ne connaissait autrefois que le nom de sa paroisse, parler de l'Italie,

de la Bavière, du Tyrol, de la Syrie et de
l'Egypte.

» Enfin continuellement dans la surprise,
au milieu de sa patrie, il aura de la peine à
reconnaître son pays. »

Ces citations prises au hasard montrent
suffisamment, croyons-nous, le vif intérêt qu
s'attache à ce livre [inspiré par le plus pur
patriotisme.

Puissions-nous en attirant l'attention de
nos lecteurs sur cet ouvrage remarquable,
quoique peu connu de nos jours, contribuer à
populariser le nom du savant historien dont
la ville de Rodez tient à honneur de perpétuer le souvenir en lui érigeant par souscription une statue en bronze sur une de ses places
publiques !

Puissions-nous provoquer une noble et généreuse émulation parmi nos compatriotes en
faveur de cette œuvre de glorification tardive !

P. S.

(Courrier républicain de l'Aveyron.)

Qui consulte un errata? Personne. Inutile donc d'en faire un pour y relever les incorrections typographiques ou autres contenues dans cette série d'articles écrits et imprimés à la hâte comme tous les articles de journaux. Parmi ces fautes, nous l'avouons en toute humilité, quelques-unes sont le fait de notre inexpérience dans l'art si difficile d'écrire correctement ; celles-ci sont dues aux trop nombreuses distractions de nos incorrigibles typographes; celles-là, pourquoi ne pas en convenir ? sont de Monteil lui-même. On sait, en effet, que le savant auteur de l'*Histoire des Français de divers états* se préoccupait bien plus du fond et de la forme littéraire de ses écrits que des prescriptions de l'Académie, prescriptions parfois bizarres et étonnantes, s'il faut en croire les critiques spirituelles et pleines de bon sens de M. Francisque Sarcey dans le *XIXᵉ siècle*.

M . Vergnes, intendant militaire, qui avant la Révolution avait professé avec distinction la rhétorique au collège de Rodez , querellait souvent Monteil à ce sujet; mais celui-ci ne paraissait guère sensible aux reproches de l'ancien professeur.

« Mon cher ami, écrivait-il à M. Hippolyte de de Monseignat, le 9 octobre 1814, vous auriez fait frissonner votre gendre (M. Vergnes) si vous lui eussiez écrit le premier alinéa de votre lettre du 29 septembre. » Et Monteil se faisait un malin plaisir d'indiquer les prétendues fautes échappées de la plume élégante et spirituelle de son ami.

Il ajoutait : « Je sais bien que vouas allez dire : Maudit pédant! maudit grammatiste! Véritablement dans les salons votre lettre qui est folle de gaieté, qui étincelle presque à chaque ligne aurait raison et Vergnes et moi serions sifflés; mais sur notre chaire, la férule à la main et vêtus de la soutane de l'abbé Lévizac nous avons et nous nous donnons raison. Croiriez-vous que Vergnes m'envoie un relevé de mes fautes d'orthographe et que ce relevé est plus long que la réponse à mes lettres? Moi je ne me pique pas d'orthographier mes lettres. Bien orthographier est bien difficile et je crois que peu de personnes, peu de protes même peuvent se dire infaillibles. » MONTEIL, *Correspondance inédite.*

Cet aussi notre humble avis. Et voilà pourquoi nous ne perdrons pas le temps à dresser un errata. Nous laisserons ce soin superflu à nos consciencieux critiques tout en comptant sur leur indulgence.

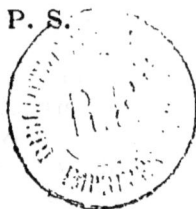

P. S.

TABLE

RODEZ

IMPRIMERIE RATERY-VIRENQUE,

Rue de l'Embergue, 21.

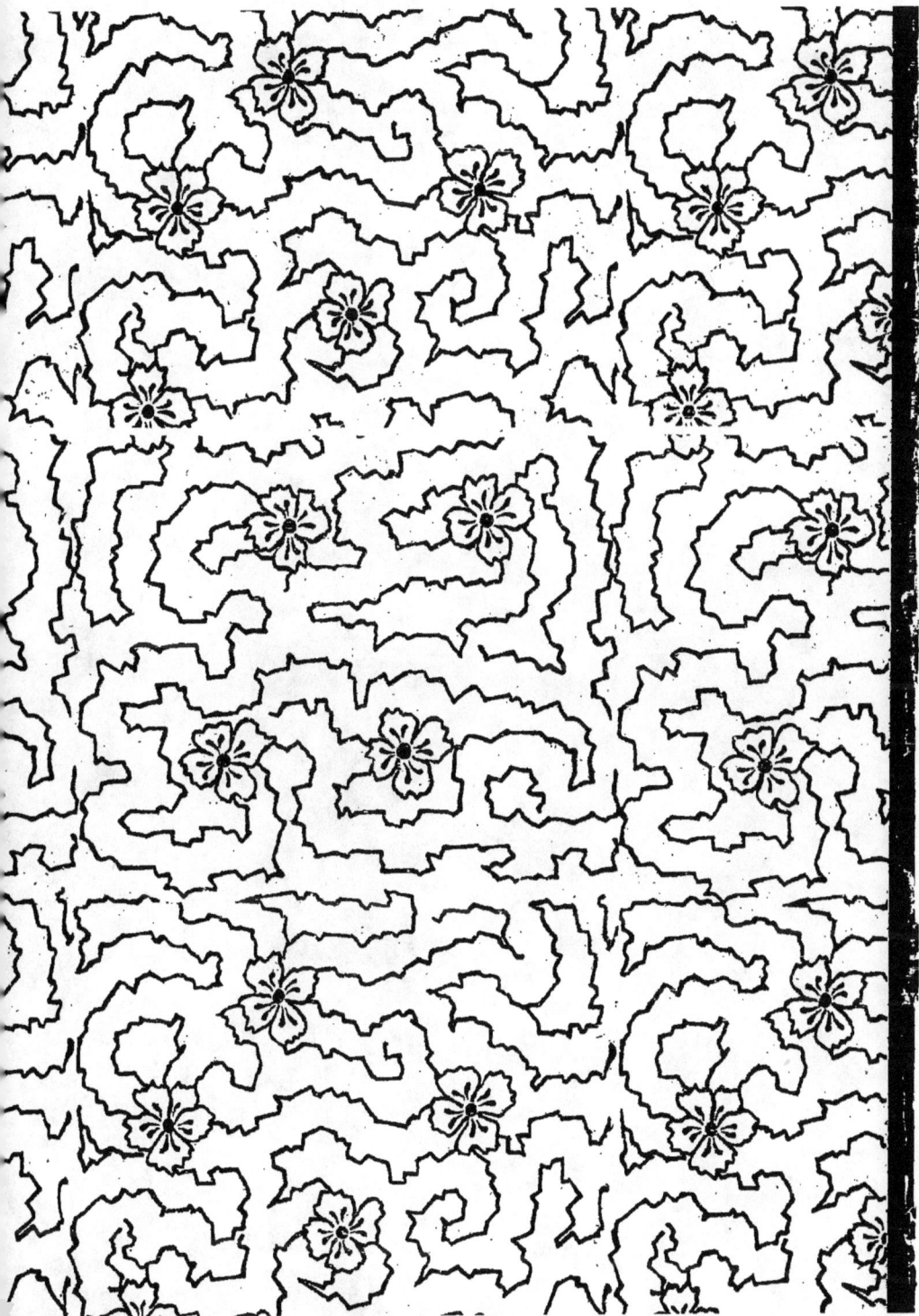

www.ingramcontent.com/pod-product-compliance
Lightning Source LLC
Chambersburg PA
CBHW071956090426
42740CB00011B/1963